Michael Ryba (Hg.)

# SeniorenCampus I

# Lingener Studien
# zu Management und Technik

herausgegeben von

Hermann Witte, Reinhard Rauscher
und Michael Ryba

Band 9

LIT

Michael Ryba (Hg.)

# SeniorenCampus I

LIT

Gedruckt auf alterungsbeständigem Werkdruckpapier entsprechend
ANSI Z3948   DIN ISO 9706

**Bibliografische Information der Deutschen Nationalbibliothek**
Die Deutsche Nationalbibliothek verzeichnet diese Publikation in der
Deutschen Nationalbibliografie; detaillierte bibliografische Daten sind
im Internet über http://dnb.d-nb.de abrufbar.

ISBN 978-3-643-13982-5 (br.)
ISBN 978-3-643-33982-9 (PDF)

© LIT VERLAG Dr. W. Hopf  Berlin  2018
Verlagskontakt:
Fresnostr. 2    D-48159 Münster
Tel. +49 (0) 2 51-62 03 20
E-Mail: lit@lit-verlag.de    http://www.lit-verlag.de

**Auslieferung:**
Deutschland: LIT Verlag, Fresnostr. 2, D-48159 Münster
Tel. +49 (0) 2 51-620 32 22, E-Mail: vertrieb@lit-verlag.de
E-Books sind erhältlich unter www.litwebshop.de

## Vorwort

Die Vortragsreihe SeniorenCampus ist ein spezielles Lehrangebot der Hochschule Osnabrück, Campus Lingen. Zwei Mal im Semester werden für „ältere Semester", die ihre Kenntnisse in verschiedenen Wissensgebieten auffrischen möchten, Lehrveranstaltungen zu ausgewählten Themen angeboten.

Es wäre schade, wenn dieses Wissen nur den „älteren Semestern" zu Gute käme, die gerade an den Tagen der Lehrveranstaltungen Zeit haben, um die Hochschule aufzusuchen. Daher wird in diesem Sammelband unter dem Titel „Senioren Campus I" eine Auswahl der Lehrveranstaltungen zum Selbststudium dokumentiert. Einige Beiträge haben sich in Folge der Lehrveranstaltungen ergeben. Durch die Lehrveranstaltungen im Rahmen des „SeniorenCampus" entstand die Idee, sich mit einigen Wissensgebieten intensiver zu befassen und weitere Beiträge zu schreiben.

Wir hoffen, dass viele, die an den Tagen der Lehrveranstaltungen verhindert waren, von dem Angebot Gebrauch machen. Ferner gehen wir davon aus, dass es Folgebände geben wird, die weitere Lehrveranstaltungen für „ältere Semester" präsentieren.

Ein weiteres Ziel dieses Sammelbandes ist es, die Schriftenreihe „Lingener Studien zu Management und Technik" (herausgegeben von Hermann Witte, Reinhard Rauscher und Michael Ryba), zu beleben und aus dem Image einer streng wissenschaftlichen Buchreihe zu befreien. Es soll versucht werden, Wissenschaft für jedermann zu bieten. Anders kann der Auftrag für eine praxisnahe Forschung und Lehre nicht erfüllt werden.

Lingen, im Oktober 2017                                      Michael Ryba

Dr. habil., Professor für Wirtschaftsinformatik, insb. Softwaretechnik und Internettechnologien

- Studiendekan Institut für Management und Technik, Hochschule Osnabrück, Campus Lingen (University of Applied Sciences)

# Inhaltsverzeichnis

Seite

Vorwort ............................................................................................... 5

**Teil 1: Ein Beitrag zur Technik** ............................................................. **9**
  1.1. Bionik - Technische Inspirationen aus der Natur (Dirk Sauer) ........... 9

**Teil 2: Beiträge zur Ökonomie** ............................................................. **31**
  2.1 Was ist Nachhaltigkeit? (Hermann Witte) ........................................ 31
  2.2 Nachhaltigkeit in Bilanz und GuV – über Gewinn und gesellschaftliche Verantwortung (Gunther Meeh-Bunse) ........................................ 55
  2.3 Ist der Euro sicher? (Hermann Witte) ............................................. 65
  2.4 Brexit – Offene Kritik an der EU? (Hermann Witte) ....................... 87
  2.5 Alternative Wirtschaftsformen und alternative Wirtschaftssysteme (Hermann Witte) .......................................................................... 105
  2.6 Alternative Geldsysteme (Hermann Witte) .................................... 133

# Teil 1: Ein Beitrag zur Technik

## 1.1 Bionik - Technische Inspirationen aus der Natur
(Dirk Sauer[1])

Die grundlegende Motivation für die Übertragung von biologischen Lösungen auf technische Anwendungen besteht darin, dass im Laufe von 3,8 Milliarden Jahren evolutionär optimierte biologische Strukturen entstanden sind, die auch für technische Entwicklungen bedeutsam und überzeugend sein können. Heute sind über 2,5 Millionen identifizierte Arten in der Natur mit ihren spezifischen Besonderheiten weitgehend beschrieben. Im Sinne der Bionik stehen sie als gigantischer Ideenpool für technische Problemlösungen zur Verfügung.[2]

Die Natur verfügt über zahlreiche „geniale Lösungen", die oft intuitiv verstanden werden können. Dennoch sind die Aufklärung der zugrundeliegenden Mechanismen und vor allem deren Nutzbarmachung für die Technik in der Regel sehr komplex. Diese Diskrepanz ist ein Grund für die dauerhafte Aktualität, die das Thema Bionik auch in den nächsten Jahrzehnten haben wird.[3]

Die Bionik ist eine Disziplin, welche die Begriffe Technik und Biologie miteinander verbindet. In der hochdynamischen bionischen Forschungslandschaft innerhalb eines Bionik-Kompetenznetzwerkes[4] entstehen immer wieder neue Forschungsschwerpunkte.

---

[1] Dr.-Ing. Dirk Sauer, Professor für Produktions- und Fertigungstechnik, Hochschule Osnabrück, Campus Lingen (University of Applied Sciences), Institut für Management und Technik, Lingen
[2] VDI-Richtlinie VDI 6220 Blatt 1
[3] VDI-Richtlinie VDI 6220 Blatt 1
[4] Bionik-Kompetenznetzwerk auf www.biokon.de

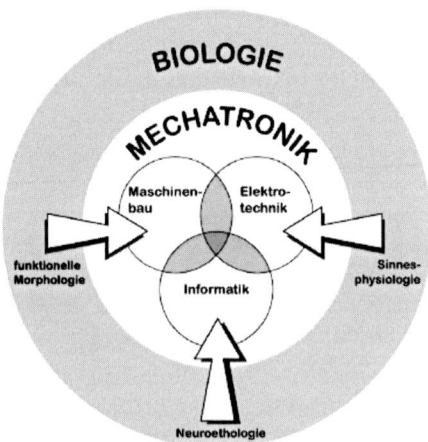

Abbildung 1: Wissensgebiete der Bionik[5]

Sie ist eine Wissenschaft, die Phänomene aus der Natur nutzt, um diese auf die moderne Technik der heutigen Zeit zu übertragen. Es wird versucht, besondere Eigenschaften von Tieren oder Pflanzen bei Produktneuentwicklungen oder Produktverbesserungen heranzuziehen, um so mit der Hilfe der Natur, Lösungsansätze für Problemstellungen am Produkt zu finden. Dabei liegt der Bionik die Annahme zugrunde, dass die belebte Natur durch evolutionäre Prozesse optimierte Strukturen und Prozesse entwickelt, von denen der Mensch lernen kann.[6]

### 1.1.1 Grundlagen der Bionik und Robotertechnik

Aus Erkenntnissen von Form und Gestaltung, Verhaltensforschung und von Mechanismen aus der Natur sollen technische Lösungen gefunden werden. Im technischen Bereich werden hierzu klassisch der Maschinenbau, die Elektrotechnik und die Informatik benötigt (vgl. Abbildung 1).

#### 1.1.1.1 Bionik - Ein interdisziplinäres Fachgebiet

Bionik bedeutet, sich von der belebten Natur inspirieren und anregen zu lassen, um dann durch Lernprozesse zu einem eigenständigen technischen Gestalten zu kommen. Wichtig in diesem Zusammenhang ist auch die Analogieforschung, die sich mit der Erfassung struktureller Ähnlichkeiten, die auf ähnlicher oder

---

[5] VDI-Richtlinie VDI 6222 Blatt 1
[6] Mutschler, H.-D.: Naturphilosophie 2006

gleicher Funktion beruhen, beschäftigt. Die gewonnenen Erkenntnisse dienen meist als Ausgangspunkt für neue Entdeckungen.[7]

Bionik als Wissenschaftsdisziplin befasst sich systematisch mit der technischen Umsetzung und Anwendung von Konstruktionen, Verfahren und Entwicklungsprinzipien von biologischen Systemen.[8]

Die wichtigsten Anwendungsgebiete, in denen die Bionik bisher genutzt wird, sind folgende:[9]

1. Rationales Handeln (Neuronale Netze)
2. Bewegungssteuerung
3. Material
4. Struktur
5. Verfahren
6. Design
7. Navigation
8. Optimierung und Anpassung
9. Kommunikation
10. Denken

Abbildung 2 verdeutlicht einen vereinfachten Ablaufplan zur Umsetzung, wie aus einem biologischen Vorbild eine technische Lösung geschaffen werden kann.

---

[7] Helga Kleisny: Bionische Methoden
[8] VDI-Richtlinie VDI 6222 Blatt 1
[9] Helga Kleisny: Bionische Methoden

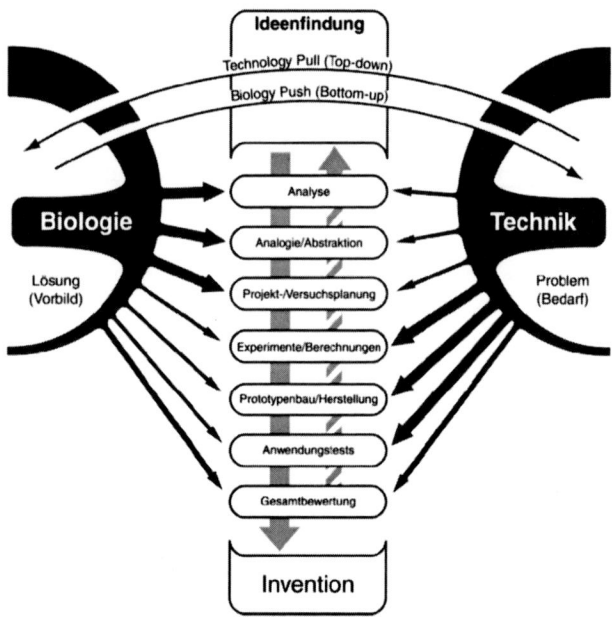

Abbildung 2:   Ablauf der bionischen Material- und Bauteilentwicklung[10]

### 1.1.1.2 Historie

*„Ein Vogel ist ein Instrument, das nach mathematischen Gesetzen funktioniert, die nachzuahmen im Bereich der menschlichen Fähigkeiten liegt"*

*(Leonardo da Vinci)*[11]

Durch das genaue Studieren von Vögeln zum Nutzen der Technik, wurde durch Leonardo da Vinci der Grundstein der Bionik als Technologie gelegt.

Als erster Bioniker hat er versucht, durch die genaue Beobachtung der Natur technische Konstruktionen zu entwerfen. In seinem Forschungsgebiet, dem Fliegen, hat da Vinci durch die genaue Analyse von Bewegungsabläufen von Vögeln versucht, Rückschlüsse auf die damalige Technik zu adaptieren. Im Vergleich zu heute, hat er im Jahre 1505 bei einem weit aus geringerem Stand der Technik den „Codice sul volo degli uccelli" (Kodex über den Vogelflug) erstellt. Die damals von ihm gebauten Flugapparate oder die entworfenen Skizzen zeigen eine starke Anlehnung an das Schlagen der Flügel beim Vogel.

---

[10] VDI-Richtlinie VDI 6223 Blatt 1
[11] Leonardo da Vinci (Wikipedia)

Leonardo da Vincis Problem ist gewesen, dass er sich zu sehr auf die Flugweise der Vögel mit Schwingenflug gestützt hat und daher seine Flugapparate mit dem Stand der damaligen Technik nie flugtauglich werden konnten. Jedoch hat er als erster Mensch die Idee des noch heute genutzten Höhenleitwerks an modernen Flugzeugen entwickelt. In seinen Unterlagen sind erste Ideen für ein Höhenruder verzeichnet.

Jahrhunderte später wird der Gleitflug von anderen Pionieren erforscht und praktiziert.

Die Haupterkenntnis für die nachfolgende Welt hinterließ Leonardo da Vinci jedoch, indem er durch das Aufzeigen von physikalischen Gesetzen, die Vögel nutzen um zu fliegen, den Menschen seinen Traum vom Fliegen deutlich nähergebracht hat.

Abbildung 3: Übertragung der Erkenntnisse eines Vogels auf das Tragwerk eines Flugzeuges[12]

### 1.1.1.3 Grundlagen der Robotertechnik

Nach der VDI-Richtlinie 2860 Blatt 1[13] bilden die Industrieroboter eine Untergruppe der Handhabungseinrichtungen.

Unter *Handhaben* sind alle Vorgänge zu verstehen,
  bei denen ein Objekt in eine definierte Lage im Raum gebracht und/oder in dieser vorübergehend gehalten wird *(Werkstückhandhabung)* oder

---

[12] http://hybridtecno.com/bionik-dan-alam/
[13] VDI Richtlinie 2860 Blatt 1

bei denen mit dem Objekt eine definierte Bewegung ausgeführt wird, um eine bestimmte Arbeitsaufgabe auszuführen *(Werkzeughandhabung)*.

Ein Industrieroboter nach VDI-Richtlinie 2860:[14]

hat mindestens 3 Achsen,
ist frei programmierbar,
ist servogesteuert,
ist mit Greifern und Werkzeugen ausgerüstet und
ist für Handhabungs- und Bearbeitungsaufgaben konzipiert.

In der Industrie wird eine arbeitsteilige Fertigung in konsequenter Weise betrieben. Arbeitsinhalte in der Produktion reduzieren sich häufig auf flinke monotone Handlungen, welche an den Takt der Maschine oder an das Fließband gebunden sind.

Kennzeichen dieser "Fließbandgesellschaft" sind die Arbeitsbelastungen durch:

Monotonie in der Arbeit,
Stress, Lärm, Staub, Hitze,
physische Schwere der Arbeit.

Roboter sind geeignet, solche Arbeiten zu verrichten. Diese eingesetzten Roboter sind überwiegend als Gelenkroboter mit Schultergelenk, Armgelenk und Handgelenk aufgebaut.

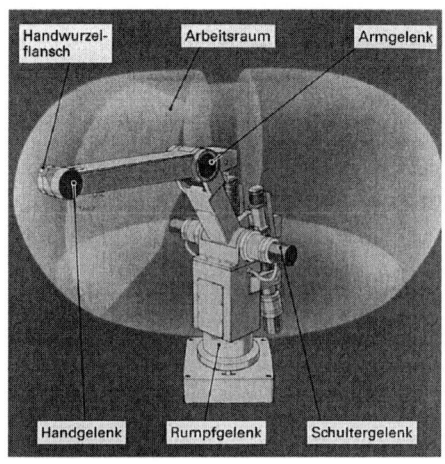

Abbildung 4: Aufbau eines Roboters[15]

---

[14] VDI Richtlinie 2860 Blatt 1
[15] Schmidt: Automatisierungstechnik

Der Arbeitsraum eines Roboters bei mittlerer Größe entspricht etwa dem eines stehenden Werkers. Das Handhabungsgewicht liegt meist bei etwa 300 N. Es gibt aber auch Roboter für 100 kN. Die Arbeitsgeschwindigkeiten sind meist deutlich höher als bei der manuellen Arbeit des Menschen und betragen etwa einen Meter pro Sekunde.[16]

Während in der industriellen Nutzung und Wirtschaftlichkeit von Robotern die Eigenschaften „schneller", „genauer" und „flexibler" genannt werden, sind in der Forschung und Entwicklung folgende Themengebiete in diesem Kontext aktuell:

**Mensch-Maschine-Kooperationen**[17]

Ein gemeinsames Arbeiten von Robotern und Menschen soll ermöglicht werden. Hier sind insbesondere auf den Schutz des Menschen im Hinblick auf Arbeitssicherheit zu achten. Aus diesem Grund sind die meisten roboterbetriebenen Anlagen mit Schutzzäunen versehen.

**Service- und Humanoid-Roboter**

Klassische Anwendungen im Service sind Fensterputzen in Hochhäuser von außen, Staubsaugen von innen, Unterstützung bei Operationen im Krankenhaus oder die klassische Vorstellung eines „Helfers".

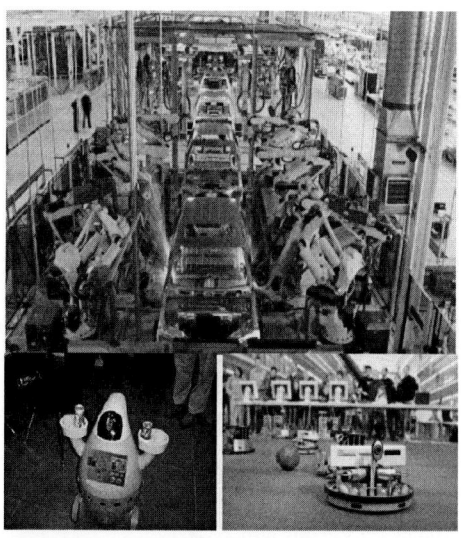

Abbildung 5: Aufgaben der Robotertechnik[18,19]

---

[16] Schmidt: Automatisierungstechnik
[17] Schmidt: Automatisierungstechnik

Bei der bionischen Robotik dagegen befassen sich die Wissenschaftler mit komplexeren Bewegungsabläufen.[20]

### 1.1.2 Bionischer Roboter

Ein bionischer Roboter ist ein Roboter, der mindestens *ein* umgesetztes dominantes biologisches Prinzip in sich trägt *und* nach dem Prozess des bionischen Arbeitens entstanden ist.[21]

Der sogenannte mechanisierte Pfeifhase zeigt verschiedene Struktur- und Funktionsbereiche, bei denen Bionik zum Einsatz kommen kann.

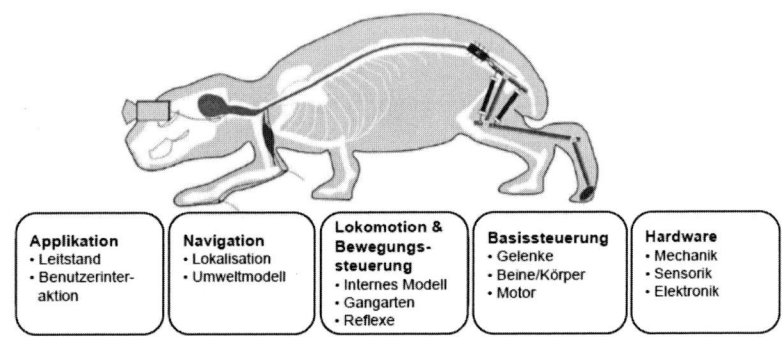

Abbildung 6: Grafisches Beispiel für den Einsatz von Bionik beim Entwurf eines Robotersystems[22]

Auf der Ebene der *Applikation* finden sich derzeit vor allem Anwendungen im Bereich der Missionsplanung und -durchführung von autonomen mobilen Robotern. Hier werden z.B. Erkenntnisse aus dem Schwarmverhalten von Vögeln, Fischen oder Insekten dazu verwendet, Roboterflotten zu koordinieren (kollektives Verhalten).[23]

Wie ihre natürlichen Vorbilder, den Ameisen, arbeiten die „BionicANTs" nach klaren Regeln zusammen. Sie kommunizieren miteinander und stimmen ihre Handlungen und Bewegungen aufeinander ab. In der Natur trifft jede einzelne Ameise ihre Entscheidungen autonom, ordnet sich dabei aber immer dem ge-

---

[18] Pittschellis, R.: Wie Bionik der Robotik hilft, Festo
[19] Schmidt: Automatisierungstechnik
[20] Bionik – Informationen des Landesministeriums Baden-Württemberg
[21] VDI-Richtlinie VDI 6222 Blatt 1
[22] VDI-Richtlinie VDI 6222 Blatt 1
[23] VDI-Richtlinie VDI 6222 Blatt 1

meinsamen Ziel unter und trägt so ihren Teil zur Lösung der anstehenden Aufgabe bei.[24]

Abbildung 7: Arbeitsweise der BionicANTS von Festo[25]

Auf abstrahierte Art und Weise liefert dieses kooperative Verhalten interessante Ansätze für die Fabrik von morgen. Die Grundlage künftiger Produktionssysteme sind intelligente Komponenten, die sich flexibel auf verschiedene Produktionsszenarien einstellen und so Aufträge der übergeordneten Steuerungsebene übernehmen.[26]

Folglich birgt die Analyse der Fähigkeiten zur *Navigation* bei Tieren ein großes Potenzial bei der Entwicklung von Navigationsalgorithmen.[27]

Die *Lokomotion* und *Bewegungssteuerung* von Lebewesen ist stark vom jeweiligen Lebensraum und der Art der Fressfeinde abhängig. Daher wird auch analog für Roboter eine Art „Roboterökologie" diskutiert. Heutige Robotersysteme agieren stärker lokal als sich fortzubewegen, um sich damit eine größere Umwelt räumlich zu erschließen.[28]

Bei der *Basissteuerung* kommt es im Zusammenspiel von Sensorik, Aktorik, Mechanik und zugehöriger Elektronik besonders auf eine schnelle Datenkommunikation an. Sensorinformationen müssen verarbeitet und die Aktoren, die Transmission und Effektoren bewegen, angesteuert werden. Biologische Systeme können helfen, die Kosten für die Sensorik zu reduzieren, das Datenauf-

---

[24] BionicANTS: Kooperatives Veralten nach natürlichem Vorbild, https://www.festo.com/net/SupportPortal/Files/367916/Festo_BionicAnts_de.pdf
[25] BionicANTS: Kooperatives Veralten nach natürlichem Vorbild
[26] VDI-Richtlinie VDI 6222 Blatt 1
[27] VDI-Richtlinie VDI 6222 Blatt 1
[28] VDI-Richtlinie VDI 6222 Blatt 1

kommen zu minimieren, die Verarbeitungselektronik zu vereinfachen und die Aktorik effizienter zu gestalten.

Ein Hardwareaspekt sei hierbei besonders betont: Mehrgelenkkinematiken kommen in der Natur an sehr vielen Stellen vor. Als Beispiel wird das Greifen mit Hand-Arm-Systemen in Abbildung 8 aufgezeigt.[29]

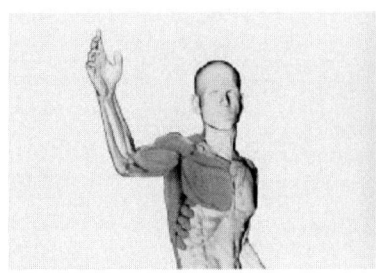

Abbildung 8: Entwicklung von Hand-Arm-Systemen auf Menschenbasis[30]

### 1.1.2.1 Vom Elefantenrüssel zum bionischen Handlingsassistent

Als ausführlicheres Beispiel findet an dieser Stelle eine Übertragung biologischen Wissens auf die technischen Möglichkeiten eines Handlingsassistenten statt.

Für den Elefantenrüssel ist die verlängerte Nase mit den Nasenlöchern (Rüsselloch) kennzeichnend. Diese ist ein äußerst feinfühliges und langes Organ, das im Lauf der Phylogenese aus Oberlippe und Nase entstanden ist. Etwa 40.000 zu Bündeln verflochtene Muskeln machen diesen sehr beweglich. Der Rüssel enthält kein Nasenbein oder andere Knochen. Er besteht ausschließlich aus Muskelgewebe und ist das auffälligste anatomische Merkmal der Elefanten.

Der Rüssel ist ein Multifunktionsorgan, welches als Tast- und Greiforgan, zur Atmung, zur Geruchswahrnehmung, als Waffe und Drohmittel sowie als Saug- und Druckpumpe beim Trinken dient.[31]

An seiner Spitze befinden sich empfindliche Tasthaare, die kleinste Unebenheiten wahrnehmen. Der Rüssel wird ebenfalls zum Greifen von Gegenständen benutzt, beispielsweise um sie zum Mund zu führen. Ausgebildete Arbeitselefanten können in Zusammenarbeit mit dem Elefantenführer Gegenstände von erheblichem Gewicht mit Hilfe des Rüssels – mit Unterstützung der Stoßzähne –

---

[29] VDI-Richtlinie VDI 6222 Blatt 1
[30] Pittschellis, R.: Wie Bionik der Robotik hilft, Festo
[31] Elefanten (Wikipedia)

manipulieren, heben und bewegen. Mit Hilfe des Rüssels kann ein Elefant Äste und Pflanzen aus bis zu sieben Meter Höhe erreichen.[32]

Der bionische Handlingsassistent überträgt große Kräfte und dient als präzises Greifwerkzeug. Bei seiner Entwicklung ließen sich Ingenieure vom Elefantenrüssel inspirieren und analysierten dessen Struktur und Funktionsweise.

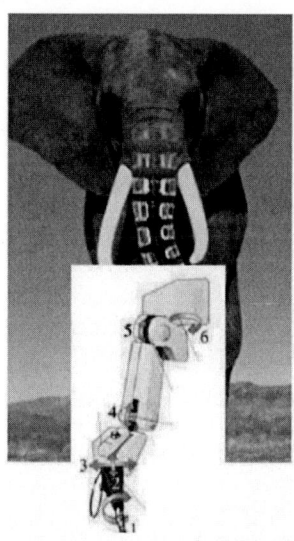

Abbildung 9: Der Elefantenrüssel als Basis für Roboterarme[33]

Mit dem bionischen Handlingsassistenten birgt der direkte Kontakt zwischen Maschine und Mensch, ob unabsichtlich oder gewollt, keine Gefahren mehr. Im Falle einer Kollision mit dem Menschen gibt er nämlich sofort nach, ohne das gewünschte dynamische Gesamtverhalten zu verändern. Anschließend nimmt er seine Bewegung wieder auf. Im Vergleich zu schweren Industrierobotern zeigt er geschmeidigere Bewegungsabläufe mit mehr Freiheitsgraden und einen effizienteren Umgang mit Ressourcen.

In Abbildung 9 sind die maximal sechs Bewegungsachsen eines Roboters mit drei Rotations- und Translationsachsen zu erkennen, dadurch eröffnet der Handlingsassistent neue Einsatzmöglichkeiten in der Automatisierungsindustrie. Anwenden lässt er sich ferner überall dort, wo Menschen eine gefahrlose maschinelle Unterstützung benötigen, etwa in der Medizintechnik und Rehabilitati-

---

[32] Elefanten (Wikipedia)
[33] http: biomimethik.imanisiteler.com/

on, als Hilfsmittel für Behinderte, aber auch in der Landwirtschaft sowie in Privathaushalten und Lerneinrichtungen.[34]

Abbildung 10: Bionischer Handlingsassistent auf Basis des Elefantenrüssels[35]

Er besteht aus
1. drei Grundelementen zur räumlichen Bewegung
2. sowie einer Handachse mit Erkennungssensor
3. und einem Greifer mit adaptiven Fingern.

Die Grundelemente werden aus drei kreisförmig angeordneten Bewegungselementen, den Aktuatoren gebildet.

Jeder Aktuator wird an den Schnittstellen der Grundelemente mit Druckluft versorgt. Die Rückstellung erfolgt durch eine schlaufenartige Konstruktion der Aktuatoren, die nach dem Ablassen der Druckluft wie eine Zugfeder wirkt. Seilzugpotentiometer auf den Außenseiten der Aktuatoren erfassen deren Auslängung und dienen der Steuerung des Systems im Raum.[36]

In der Handachse sind drei weitere Aktuatoren um ein Kugelgelenk angeordnet. Sensoren sorgen hier für die Detektion der Wegstrecken und ermöglichen eine präzise Ausrichtung. Für die gesamte Steuerung des bionischen Handlingsassistenten kommen Proportionalwegeventile zum Einsatz. Eine besondere Herausforderung ist der exakte geometrische Aufbau der pneumatischen

---

[34] http://www.elektroniknet.de/automation/sonstiges/artikel/26388/
[35] http://www.elektroniknet.de/automation/sonstiges/artikel/26388/
[36] http://www.produktion.de/automatisierung/festo-der-elefantenruessel-als-vorbild

Aktuatoren unter Berücksichtigung der material- und fertigungsspezifischen Parameter.[37]

Abbildung 11 verdeutlicht die Bausteine der Bionik am Beispiel des bionischen Handlingsassistenten.

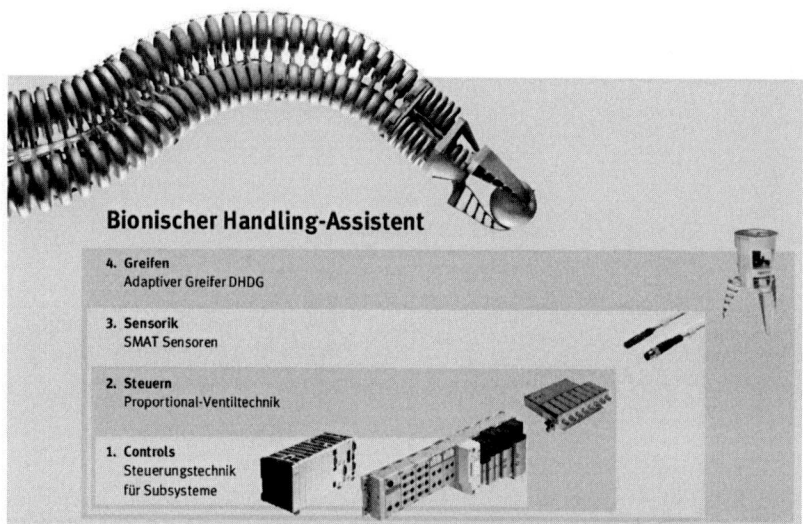

Abbildung 11: Bausteine in der Bionik am Beispiel des Handlingsassistenten[38]

Der Greifmechanismus für den bionischen Handlingsassistenten wird in Kapitel 1.1.2.5.1 mit der Erklärung des Fin Ray-Effektes® beschrieben.

### 1.1.2.2 Pneumatische Muskeln und Bewegungsmechanismen auf Basis von Spinnen und Heuschrecken

Als Grundlage des bionischen Handlingsassistenten dienen
1. hierarchisch angeordneter Muskeln und
2. evolutionär optimierter Bewegungsmuster.

Durch die Analyse von Struktur und Funktionsweise des Elefantenrüssels ist ein neues, biomechatronisches Handhabungssystem auf Basis eines pneumatischen Leichtbausystems entstanden.

---

[37] http://www.produktion.de/automatisierung/festo-der-elefantenruessel-als-vorbild
[38] Pittschellis, R.: Wie Bionik der Robotik hilft, Festo

## Pneumatische Muskeln

Durch die Inspiration biologischer Muskeln in 1958 sind pneumatische Muskeln auf Richard Gaylord zurückzuführen, der dazu nicht dehnbare Aramidfasern eingesetzt hat. Mit einer nichtlinearen Kennlinie können maximale Verkürzungen von 25% erreicht werden.[39]

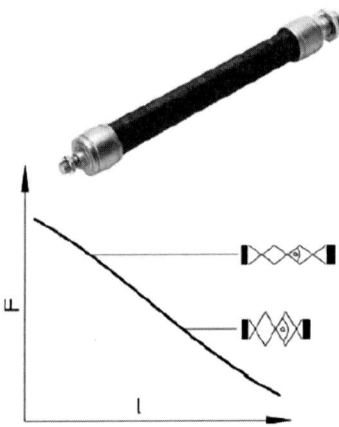

Abbildung 12: Pneumatischer Muskel[40]

## Bewegungsabläufe der Stabheuschrecke

Die raffinierten Bewegungsabläufe der Stabheuschrecke und deren dezentrale, neuronale Steuerung haben die Bioniker inspiriert. Die Bewegungen der sechs Beine sind so koordiniert, dass die Fußpunkte von drei Beinen immer ein Dreieck bilden.

Der Schwerpunkt des Körpers liegt mittig innerhalb dieser dreieckigen Fläche. Das sorgt für einen festen Stand. Mit den restlichen drei Beinen erfolgt die Bewegung nach vorne. Damit das funktioniert, kommunizieren die Beine untereinander. Nach dem Vorbild der Stabheuschrecke, deren Bewegungsabläufe an der Universität Bielefeld analysiert wurden, haben Ingenieure am Forschungszentrum Informatik in Karlsruhe dieses Prinzip auf einen sechsbeinigen Roboter (Abbildung 13) übertragen.[41]

---

[39] Pittschellis, R.: Wie Bionik der Robotik hilft, Festo
[40] Pittschellis, R.: Wie Bionik der Robotik hilft, Festo
[41] Bionik – Informationen des Landesministeriums Baden Württemberg

## Bionische Spinnenbeine

Weiterhin können Gelenke in Robotern auf der Basis von Spinnenbeinen eingesetzt werden. Spinnen pumpen Flüssigkeit in Beine; das bionische System arbeitet mit Druckluft in den Beinen.

Abbildung 13: Gelenk nach dem Vorbild von Spinnenbeinen[42,43]

### 1.1.2.3 Leichtbaustrukturen auf Basis eines Palmblattes oder Knochens

Der Leichtbau und somit die Einsparung von Material hat einen hohen Stellenwert in der Industrie.

Für flexible, kostengünstige und bewegungsschnelle Roboter dürfen Roboter deshalb nur ein geringes Gewicht haben. Dieses ist für die Konstruktion und Auslegung von besonderer Bedeutung.

Der Leichtbau soll an zwei Beispiele aufgezeigt werden:

**1  Vorbild der Palmblätter**

Der Leichtbau erfolgt nach dem Prinzip der Faltkultur. Hier sorgt die Struktur aus der Natur für die Steifigkeit des Blattes.

**2  Knochenwachstum**

Das Prinzip Hohlräume mit Innenstruktur ist als zweites Beispiel der Materialeinsparung auf das Knochenwachstum zurückzuführen. Mit „leicht und steif" lassen sich die klassischen Eigenschaften beschreiben.

---

[42] Roboter-nach-dem-Vorbild-der-Natur
[43] Bionik, Was ist Was, Band 122

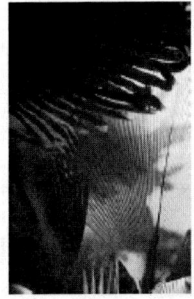 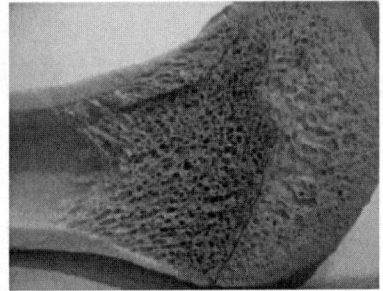

Faltstrukturen am Palmblatt        Knochen

Abbildung 14: Leichtbaustrukturen im Roboterbau[44]

Die *technische Umsetzung* erfolgt in sogenannten Sandwichblechen. Mit einem Blech oben und unten geben die Innenbleche mit der Hohlraumstruktur die notwendige Festigkeit für die jeweilige Anwendung.

### 1.1.2.4 Haftungs- und Klebeeigenschaften vom Gecko in der Robotertechnik

Die Bionik hilft, wie bereits an mehreren Beispielen dargestellt, eine Vielzahl von Komponenten eines Roboters zu optimieren.

In diesem Unterkapitel wird kurz auf den biologischen Einfluss von technischen Lösungen bei Servicerobotern in der Gebäudetechnik eingegangen.

Ein Gecko kann im Vergleich zu vielen anderen Tieren senkrecht die Wände hoch klettern. Im Rasterelektronenmikroskop (Abbildung 15 unten) ist zu erkennen, dass die Struktur in Geckosohlen immer feiner wird. Am Ende sind es 100.000 winzige kleine Haare, welche unten spargelförmig angeordnet sind. Zwischen diesen und den Flächen wirken schwache Anziehungskräfte zwischen den Molekülen und den Atomen[45]. Aus der Kenntnis dieser klebefreien Verbin-

---

[44] Pittschellis, R.: Wie Bionik der Robotik hilft, Festo
[45] Bionik – Wie aus Geckofüßen Hightech wird

dung ist es möglich, Roboter so zu konzipieren, dass diese im Einsatz in der Gebäudetechnik problemlos Wände erklimmen können.

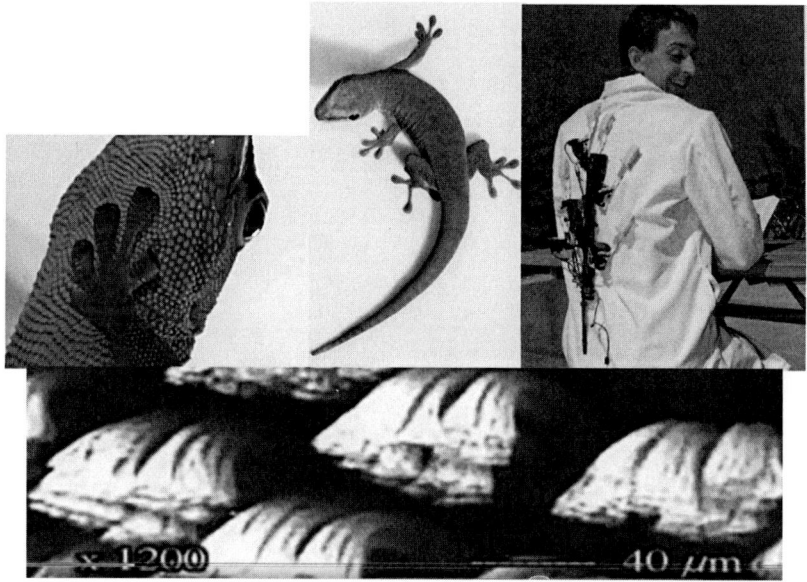

Abbildung 15: Lernen vom Gecko – Einsatz als Roboter am Gebäude[46,47,48]

### 1.1.2.5 Werkstückaufnahmemöglichkeiten

Gegenstände aufnehmen, halten und ablegen – seit jeher spielen Greifanwendungen in der Produktion eine zentrale Rolle.

Als Impulsgeber der Industrie-Automatisierung ist die Forschung und Entwicklung daher ständig auf der Suche nach neuen Greifprinzipien und innovativen Lösungsansätzen für die Produktionssysteme in der Fabrik von morgen.[49]

Der Einsatz von technischen Lösungen, zum Greifen von Bauteilen und Werkstücken mit unterschiedlichen Dimensionen und Oberflächen, erweitert die bionische Betrachtung mit der Vorstellung von zwei bionischen Möglichkeiten zum Erfassen von Werkstücken.

---

[46] Bionik – Wie aus Geckofüßen Hightech wird
[47] https://static-secure.guim.co.uk
[48] Bionik, Was ist Was, Band 122
[49] http://www.bionik-vitrine.de/fin-ray-effect.html

#### 1.1.2.5.1 Fin Ray Effekt vom Knochenfisch

Ziel dieser Anwendung ist das Greifen von sensiblen Bauteilen, die durch die Aufnahme nicht beschädigt werden dürfen.

Die Schwanzflossen der Knochenfische sind hochinteressant, denn beim Fingerdrücken gegen sie krümmen sie sich nicht weg. Das Gegenteil tritt auf, indem sich die Schwanzflosse dem Finger entgegen biegt.

Nachdem das Wirkprinzip entschlüsselt worden ist, ist dieses Prinzip der selbstadaptiven Struktur als Fin Ray Effect® zum Patent angemeldet worden.[50]

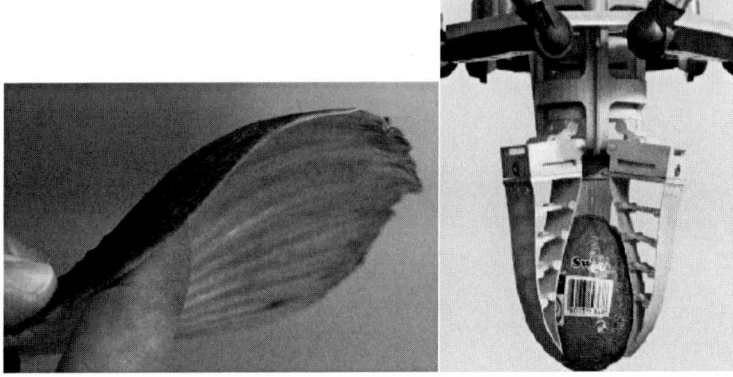

Abbildung 16: Fin Ray Effekt[51,52]

Diese Greiferhand auf Basis des Fin Ray Effektes kommt bei dem im Kapitel 1.1.2.1 vorgestellten bionischen Handlingsassistenten zum Einsatz.

#### 1.1.2.5.2 „Pick and Place" nach der Zunge des Chamäleons

Hat das Chamäleon seine Beute im Visier, lässt es seine Zunge wie ein Gummiband herausschnellen. Kurz bevor die Zungenspitze das Insekt erreicht, zieht sie sich in der Mitte zurück, während sich die Ränder weiter vorwärtsbewegen. Dadurch passt sich die Zunge der Form und Größe des jeweiligen Beutetieres an und kann es fest umschließen. Die Beute bleibt an der Zunge haften und wird wie an einer Angelschnur eingeholt. Die Begriffe „Pick and Place" geben das Aufnehmen und Platzieren an einem definierten Ort wieder.

---

[50] http://www.bionik-vitrine.de
[51] http://www.bionik-vitrine.de
[52] Pittschellis, R.: Wie Bionik der Robotik hilft

Der Greifer kann mehrere Objekte mit unterschiedlichsten Formen in einem Vorgang greifen, sammeln und wieder abgeben – ohne dass ein manueller Umbau notwendig ist.

Möglich wird dies durch seine wassergefüllte Silikonkappe, die sich flexibel und formschlüssig über das jeweilige Greifgut stülpt.

Die inhärente Anpassungsfähigkeit an verschiedene Formen verleiht dem „FlexShapeGripper" seinen Namen. In der Natur lässt sich die einzigartige Kombination aus Kraft- und Formschluss der Zunge des Chamäleons bei der Jagd auf Insekten beobachten.[53]

Abbildung 17: FlexShapeGripper – „Pick and Place" vom Chamäleon[54,55]

### 1.1.3 Zusammenfassung und Ausblick

Nach den Definitionen Bionik und Roboter werden Bausteine eines bionischen Roboters am Beispiel eines bionischen Handlingsassistenten erläutert. Hierbei wird ein enger Bezug zum Elefantenrüssel dargestellt.

Applikation, Lokomotion, Navigation und Basissteuerung werden in Bezug zur Gestaltung von Robotern gebracht.

Einblicke in Leichtbaustrukturen (Palmblatt und Knochen) und Greifapparate mit Werkzeug- und Werkstückhandhabung werden sowohl mit dem FinRay-Greifer und dem FlexShapeGripper als auch der Mikrostruktur eines Tierfußes kombiniert um das gewünschte Modell zu perfektionieren.

---

[53] Festo, FlexShapeGripper, Greifen nach dem Vorbild der Chamäleonzunge
[54] www.dailymail.co.uk/sciencetech/article-3154881
[55] Festo, FlexShapeGripper, Greifen nach dem Vorbild der Chamäleonzunge

Als „biologische Paten" haben hier der Gecko, das Chamäleon und die Schwanzflosse eines Knochenfisches gestanden.

Für Bewegungsmechanismen und pneumatische Muskeln sind Kenntnisse von der Stabheuschrecke und von Spinnen auf technische Lösungen betrachtet worden.

Die Bionik ist eine recht neue interdisziplinäre Wissenschaft, die in deutsche Universitäten verstärkt Einzug gewonnen hat. Mit der Förderung durch Bund und Länder sowie der Verbreitung von Wissenschaftsplattformen auf nationaler und internationaler Ebene ist in Zukunft mit einer Vielzahl von technischen/mechatronischen Innovationen auf der Basis der Natur zu rechnen.[56,57]

## Literaturverzeichnis

**Buch- und Normenquellen**

1. VDI 6220 Blatt 1: Bionik Konzeption und Strategie Abgrenzung zwischen bionischen und konventionellen Verfahren/Produkten, Düsseldorf: VDI-Verlag, Dezember 2012
2. VDI 6222 Blatt 1: Bionik Bionische Roboter, Düsseldorf: VDI-Verlag, November 2013
3. VDI 6223 Blatt 1: Bionische Materialien Strukturen und Bauteile, Düsseldorf: VDI-Verlag, Juni 2013
4. VDI Richtlinie 2860 Blatt 1: Montage und Handhabungstechnik – Handhabungsfunktionen, Handhabungseinrichtungen, Begriffe, Definitionen, Symbole, Düsseldorf: VDI-Verlag, Mai 1990
5. Kleisny, H.: Warum Fliegen sich im Kino langweilen – Bionische Methoden als Chance für die Zukunft, Books on demand: 2000
6. N.N.: Bionik, Was ist Was, Band 122, Tessloff-Verlag 2006
7. Schmidt, D. et. al.: Automatisierungstechnik, Europa-Verlag 2010
8. Wolf, A. et. al.: Greifer in Bewegung, Hanser-Verlag 2004

**Internetquellen**

1. Mutschler, H.-D.: Naturphilosophie 2006 in: http://www.sanktgeorgen.de/leseraum/natur-mutschler.pdf
2. Pittschellis, R.: Wie Bionik der Robotik hilft, Festo (http://www.festodidactic.com/ov3/media/customers/1100/wie_die_bionik_der_robotik_hilft.pdf)
3. Rechenberg, I.: Bionik und Evolutionstechnik – TU Berlin, Eine bionische Welt im Jahr 2099, http://www.bionik.tu-berlin.de/institut/skript/

---

[56] www.bionische-innovationen.de
[57] www.biokon.de

4. Bionik – Informationen des Landesministeriums Baden-Württemberg (https://um.baden-wuerttemberg.de/de/presse-service/service/wanderausstellungen/bionik)
5. Bionik-Kompetenznetzwerk, http://www.biokon.de/bionik/was-ist-bionik
6. Festo, FlexShapeGripper, Greifen nach dem Vorbild der Chamäleonzunge (www.festo.com/group/de/cms/10217.htm)
7. Youtube: Bionik – Wie aus Geckofüßen Hightech wird, Aufruf 12.02.16
8. www.morgenpost.de/web-wissen/article992932Roboter-nach-dem-Vorbild-der-Natur.html
9. www.produktion.de/automatisierung/festo-der-elefantenruessel-als-vorbild
10. https://de.wikipedia.org/wiki/Leonardo_da_Vinci
11. http://hybridtecno.com/bionik-dan-alam/
12. www.dailymail.co.uk/sciencetech/article-3154881/Chameleons-use-bulbous-eyes-switch-stereo-mono-vision-catch-prey-pinpoint-precision.html
13. http://www.bionik-vitrine.de/fin-ray-effect.html
14. https://de.wikipedia.org/wiki/Elefanten
15. https://static-secure.guim.co.uk/sys-images/Guardian/Pix/pictures/2009/8/5/1249484825280/Day-gecko-001.jpg
16. www.biokon.de
17. www.bionische-innovationen.de

# Teil 2: Beiträge zur Ökonomie

## 2.1 Was ist Nachhaltigkeit? (Hermann Witte[1])

### 2.1.1 Einleitung

Der Begriff Nachhaltigkeit wird heute sehr häufig benutzt. Auffällig ist, dass es keine einheitliche Auffassung hinsichtlich der Verwendung und damit der Bedeutung des Begriffes gibt. Der Begriff ist modern und wird als sogenanntes „catch word" verwendet. Die Benutzer wollen sich mit dem Wort interessant machen, sich als „in" klassifizieren etc. Man kann sagen, fast jeder benutzt den Begriff „nachhaltig" bzw. „Nachhaltigkeit" wie es ihm gefällt. Damit entsteht ein Begriffswirrwarr, der zu Verwechselungen und Missverständnissen führen kann und auch sicherlich führt.

Um Verwechselung und Missverständnissen vorzubeugen, soll im Folgenden versucht werden, zu klären, was unter „nachhaltig" bzw. „Nachhaltigkeit" zu verstehen ist.

Es wird zunächst im Duden recherchiert, um die Bedeutung des Begriffs „nachhaltig" im gängigen deutschen Rechtschreibungslexikon zu klären. Dann wird auf den Ursprung des Begriffs und seine heutige Verwendung im Rahmen der Vereinten Nationen eingegangen. Dabei ist auf die drei Komponenten der Nachhaltigkeit Bezug zu nehmen. Schließlich ist noch auf die Verwirklichungsmöglichkeit der Nachhaltigkeit einzugehen.

Die Frage nach der Verwirklichungsmöglichkeit der Nachhaltigkeit im Sinne der Vereinten Nationen ist berechtigt, da die Vereinten Nationen die Nachhaltigkeit schon lange propagieren. Erfolge bei der Verwirklichung können hingegen kaum aufgezeigt werden. Es muss auch erwähnt werden, dass viele Menschen die Nachhaltigkeit zwar als „catch word" in ihrem Sinne benutzen, die Bedeutung der Nachhaltigkeit im Sinne der Vereinten Nationen aber nicht kennen und wenn, als Utopie ansehen.

Sollte sich die Nachhaltigkeit im Sinne der Vereinten Nationen als Utopie erweisen und somit keinen Praxisbezug haben, wäre eine weitere Auseinandersetzung mit dem Begriff „nachhaltig" bzw. „Nachhaltigkeit" sinnlos und nicht zu vertreten. Für den Praktiker wäre es „vergebene Liebesmüh" und für den Ökonomen unwirtschaftlich, sich mit dem Begriff zu befassen.

---

[1] Dr. Hermann Witte, Professor für Allgemeine Betriebswirtschaftslehre, Logistik und Umweltökonomie, Hochschule Osnabrück (University of Applied Sciences), Campus Lingen, Institut für Management und Technik, Lingen/Germany

Ein „catch word" mit beliebiger Bedeutung würde die Nachhaltigkeit allerdings so lange bleiben, bis ein anderer Begriff modern wird und die Nachhaltigkeit in der Beliebtheitsskala der „catch words" ablöst.

### 2.1.2 Das „catch word" nachhaltig

Nachhaltig ist - wie gesagt - ein „catch word". „Catch words" haben einen Vorteil, sie sind in aller Munde. Der Nachteil ist, dass jeder unter dem „catch word" etwas anderes versteht. Dies zeigt sich auch bei einer Recherche im Duden und im Internet zu Synonymen für nachhaltig. Es wurden 154 synonyme Begriffe für nachhaltig gefunden. Die wohl wichtigsten 33 sind im Folgenden aufgelistet:[2]

(1) *wirksam*

(2) *effizient*

(3) entscheidend

(4) *effektiv*

(5) eindrucksvoll

(6) eindrücklich

(7) unvergesslich

(8) außergewöhnlich

(9) auffallen(d)

(10) *wirken*

(11) einschneidend

(12) unaufhörlich

(13) eindringlich

(14) stören

(15) nachwirken

(16) durchschlagend

(17) gravierend

(18) massiv

(19) durchgreifend

---

[2] Vgl. http://synonyme.woxikon.de/synonyme/nachhaltig.php (abgerufen am 02.11.2016). Im Wörterbuch Der Grosse Duden, Bd. 8, Sinn- und sachverwandte Wörter und Wendungen, Mannheim u.a. 1972, S. 478 sind elf alternative Begriffe für nachhaltig aufgelistet. Im Wörterbuch Der Grosse Duden, Bd. 8, Das Synonymwörterbuch. Ein Wörterbuch sinnverwandter Wörter, 6. Aufl., Berlin 2014, S. 270 etc. findet man bereits 21 alternative Begriffe für nachhaltig.

(20) fühlbar
(21) schmerzlich
(22) weitreichend
(23) tiefgreifend
(24) vorsorglich
(25) drastisch
(26) schwerwiegend
(27) *langfristig*
(29) wichtig
(30) hoch
(31) schlimm
(32) empfindlich
(33) entscheidungsschwer

Die 33 alternativen Begriffe für das Wort „nachhaltig" entsprechen dem Gebrauch in der Umgangssprache. Sie decken sich nicht unbedingt mit dem wissenschaftlichen Sprachgebrauch.

Die kursiv gesetzten Begriffe (1), (2), (4), (10) und (27) werden in der Ökonomie nicht für nachhaltig benutzt. Die Begriffe haben in der Ökonomie eine andere Bedeutung. Der Begriff „langfristig" wird gleichgesetzt mit dem Begriff strategisch und umfasst in der Regel einen Zeitraum vom 10 – 15 Jahren. Der Begriff effizient wird mit dem Begriff wirtschaftlich gleichgesetzt und bedeutet, dass der Nutzen einer ökonomischen Aktivität größer sind als die entstehenden Kosten. Wirksam (wirken) und effektiv werden in der Ökonomie gleichgesetzt und bedeuten, dass eine ökonomische Aktivität einen Beitrag zum gesetzten Ziel leistet und nicht ohne Wirkung bleibt.

Der Begriffswirrwarr in der Umgangssprache behindert optimales Handeln bzw. Entscheiden in einem sozialen System mit einer Vielzahl von Entscheidungsträgern bzw. macht es unmöglich. Es muss eindeutige Definitionen geben, um eindeutiges Handeln zu ermöglichen. Beispiele für klare Begriffsabgrenzung und Benutzung sind die Naturwissenschaften und die Rechtswissenschaft.

### 2.1.3 Das Nachhaltigkeitsgebot der Vereinten Nationen

Die aktuelle Diskussion um die Nachhaltigkeit geht auf eine Kommission der Vereinten Nationen zurück. Die Kommission sollte einen Plan zur Lösung der in der Welt bestehenden Unterschiede in der Entwicklung der Staaten erarbeiten. Die Brundtland-Kommission legte 1985 ihren Bericht vor. Die Kommission fordert einen weltweiten nachhaltigen Entwicklungsprozess.[3] Diese Forderung wurde 1992 in der Agenda 21 auf der Vereinten Nationen Konferenz in Rio festgeschrieben.[4] Alle Unterzeichnerstaaten der Agenda 21 machten damit die Nachhaltigkeit zur Handlungsverpflichtung für ihre Bürger. Auch die Bundesrepublik Deutschland hat die Agenda 21 unterschrieben!

Die Nachhaltigkeitsforderung der Brundtland-Kommission geht auf alte Erkenntnisse aus der Forstwirtschaft zurück. Bereits 1713 fordert Carl von Carlowitz in seinem Buch über die „wilde Baumzucht" eine nachhaltige Forstwirtschaft.[5] Es soll nur so viel Holz im Wald geschlagen werden, dass auch die künftigen Generationen noch genügend Holz zum Leben haben.

### 2.1.4 Die Komponenten der Nachhaltigkeit

Für die aktuelle Nachhaltigkeitsdiskussion ist die Definition der Vereinten Nationen von Bedeutung. Die vielen Begriffe im Duden sind nachrangig. Grundlegend ist die Definition von Carlowitz. Im Brundtland-Bericht wird die Definition der Nachhaltigkeit deutlich mit einem weltweiten nachhaltigen Entwicklungsprozess umrissen. Die Darstellung der Komponenten dieses Prozesses ist hingegen undeutlich, aber herauslesbar.

In der heutigen Literatur wird die Nachhaltigkeit an drei Komponenten festgemacht:

- der sozialen Nachhaltigkeit
- der ökologischen Nachhaltigkeit
- der ökonomischen Nachhaltigkeit

Man spricht auch von den drei Säulen der Nachhaltigkeit (vgl. Abb. 1).

Die unterschiedliche Höhe der drei Säulen soll die unterschiedliche Bedeutung der Komponenten der Nachhaltigkeit in der Praxis veranschaulichen. Verfolgt man die Diskussion der Nachhaltigkeit, so fällt auf, dass die drei Komponenten der Nachhaltigkeit ungleich behandelt werden. Es dominiert die Diskussion der ökologischen Nachhaltigkeit. In der Regel wird gar nicht zwischen den drei Komponenten der Nachhaltigkeit unterschieden. Man spricht schlicht von Nachhaltigkeit und meint die ökologische Komponente der Nachhaltigkeit. Dieser laxe bzw. ungenaue Sprachgebrauch ist auch von anderen Begriffen, wie zum Beispiel von dem Begriff Logistik bekannt. Die Umgangssprache sieht an-

---

[3] Vgl. Hauff, V. (Hrsg.): Unsere gemeinsame Zukunft. Der Brundtland-Bericht, Greven 1987
[4] Vgl. Bundesministerium für Umwelt, Naturschutz und Reaktorsicherheit (Hrsg.): Umweltpolitik. Konferenz der Vereinten Nationen für Umwelt und Entwicklung im Juni 1992 in Rio de Janeiro – Dokumente -, Agenda 21, Bonn o.J.
[5] Vgl. Carlowitz, H.K.v.: Sylvicultura oeconomica oder haußwirtschaftliche Nachricht und Naturmäßige Anweisung zur Wilden Baum-Zucht, Leipzig 1713 (Nachdruck Freiberg 2000), S. 105

scheinend keine Möglichkeit einen exakten Sprachgebrauch durchsetzen. Im wissenschaftlichen Bereich sollte hingegen auf einen exakten Sprachgebrauch geachtet werden, da die Wissenschaft ansonsten falsche Fragen stellt und logischerweise nicht die richtigen Antworten finden kann.

Abb. 1: Die drei Säulen der Nachhaltigkeit

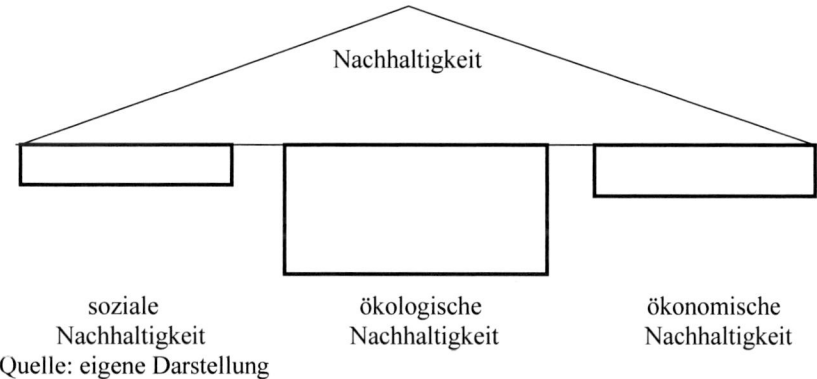

Quelle: eigene Darstellung

## 2.1.4.1 Die soziale Nachhaltigkeit

Unter der sozialen Nachhaltigkeit wird ein Ausgleich bzw. ein Gleichgewicht zwischen den Generationen verstanden. Zum Beispiel sollen die Generationen durch die Staatsverschuldung gleich belastet werden und gleichen Nutzen aus der Verwendung des Geldes ziehen.

Die soziale Nachhaltigkeit wurde früher in Großfamilien, in denen drei Genrationen unter einem Dach lebten, angestrebt. Die alte (erste) Generation hat die zweite (mittlere) Generation geboren und großgezogen. Wenn die zweite Generation groß ist, wechseln die Aufgaben. Die zweite Generation sorgt jetzt für den Fortbestand der Familie. Es wird die dritte (junge) Generation geboren. Die zweite Generation sorgt für den Lebensunterhalt der drei Generationen. Die erste Generation übernimmt die Betreuung und Ausbildung der dritten Generation.

Heute wird der Ausgleich zwischen den Generationen durch den Generationenvertrag angestrebt. Der Generationenvertrag bezieht sich auf die sozialen Versorgungssysteme, in die von der zweiten Generation eingezahlt wird, um der ersten und dritten Generation das Leben zu ermöglichen. Der Generationenvertrag hat einen deutlichen Nachteil, die Aufgaben und Tätigkeiten der drei Generationen werden nicht deutlich (Geldschleier), so dass die Generationen ihre Aufgaben und Tätigkeiten nicht in dem Sinne wahrnehmen, wie es zum Ausgleich zwischen den Generationen notwendig wäre. Es kommt zum Versagen der sozialen Versorgungssysteme. Ein Ausgleich bzw. ein Gleichgewicht zwischen den Generationen wird nicht hergestellt.

### 2.1.4.2 Die ökologische Nachhaltigkeit

Die ökologische Nachhaltigkeit fordert einen Ausgleich bzw. ein Gleichgewicht von Ökologie und Ökonomie. Die ökonomischen Aktivitäten der Menschen sollen die ökologischen Voraussetzungen für ein Leben der künftigen Generationen auf der Erde nicht zerstören. Die Qualität der Umwelt soll erhalten und bestehende Umweltschäden wieder abgebaut werden. Die ökologischen Aktivitäten beziehen sich hauptsächlich auf

- die Luftqualität,

- die Wasserqualität,

- die Bodenqualität und

- die Qualität und Vielfalt der Tier- und Pflanzenwelt.

Erster Ansatzpunkt der Ökologen für einen Ausgleich von Ökologie und Ökonomie, um die Qualität der Umwelt zu erhalten bzw. wieder zu verbessern, ist die Kritik der von der Ökonomie vertretenen Wachstumspolitik. Während die Ökonomie ein stetiges und angemessenes Wachstum[6] fordert, sehen die Ökologen durch das stetige Wachstum die Qualität der Umwelt als gefährdet an. Sie fordern folglich eine Begrenzung des ökonomischen Wachstums. Ein Bezugspunkt ist die Studie des „Club of Rome", die die Grenzen des Wachstums aufzeigt.[7]

In Folge der Studie des „Club of Rome" haben sich mehrere Begriffe herausgebildet, die die Begrenzung des Wachstums in unterschiedlicher Intensität fordern. Begriffe sind u.a. quantitatives Wachstum, Wachstum bei gegenwärtiger Umweltpolitik, „Null"-Wachstum, qualitatives Wachstum, Wachstum bei „reiner" Umweltpolitik[8] und nachhaltiges Wachstum.[9] Für Wohlstand ohne Wachstum macht sich Jackson[10] stark.

Die Begriffe und die damit verbundenen wachstumstheoretischen Vorstellungen sollen in diesem Zusammenhang nicht analysiert und kritisiert werden. Es ist lediglich anzumerken, dass das Wachstum für den Ausgleich von Ökologie und

---

[6] Vgl. Gesetz zur Förderung der Stabilität und des Wachstums der Wirtschaft (StabWG) vom 8. Juni 1967 (BGBL. I S. 582), § 1
[7] Vgl. Meadows, D./Meadows, D./Zahn, E./Milling, P.: Die Grenzen des Wachstums. Bericht des Club of Rome zur Lage der Menschheit, 17. Aufl., Stuttgart 2000 ($1972^1$); Meadows, D./Randers, J./Meadows, D.: Limits to Growth: The 30-year update, White River Junction, VT 2004
[8] Vgl. zu diesen Begriffen u.a. Wicke, L.: Umweltökonomie, 3. Aufl., München 1991, S. 535
[9] Vgl. Hauff, M. v./Jörg, A.: Nachhaltiges Wachstum, München 2013
[10] Vgl. Jackson, T.: Prosperity without Growth, London, Sterling (VA) 2009

Ökonomie nicht der richtige Ansatzpunkt ist. Die Ökonomen haben zwar eine Vielzahl von Wachstumstheorien entwickelt,[11] eine allgemein akzeptierte Wachstumstheorie liegt hingegen nicht vor. Lediglich die Wachstumsforderung ist allgemeines ökonomisches Gedankengut. Für die Diskussion des Ausgleichs von Ökologie und Ökonomie ist allerdings etwas Anderes sehr wichtig. Wachstum ist nicht der Ausgangspunkt bzw. Antrieb für ökonomische Aktivitäten. Der Antrieb ist eindeutig das Gewinnstreben, das sich in der Ökonomie in der Forderung nach Gewinnmaximierung manifestiert hat. Das Gewinnmaximierungsprinzip zeigt sich somit als Ansatzpunkt für den Ausgleich von Ökologie und Ökonomie. Es ist daher im Sinne von Jackson zu fragen, ist Wohlstand auch ohne Gewinnmaximierung möglich?

Diese Frage ist eindeutig mit „Ja" zu beantworten. Wohlstand entsteht durch die Produktion von lebensnotwendigen und die Lebensqualität verbessernder Güter. Dazu sind entsprechende Produktionstechnologien und Produktionsfaktoren notwendig. Die Verbesserung der Produktionstechnologien und die sparsame Nutzung der knappen Produktionsfaktoren sichern den Wohlstand der Menschheit.

Den Menschen, die durch die Verbesserung der Produktionstechnologien und die sparsamere Nutzung der Produktionsfaktoren beitragen, steht selbstverständlich eine Entlohnung zu. Die Entlohnung ist der ökonomische Anreiz für Fortschritt und Verbesserungen. Diese Feststellung macht einen Vergleich von Gewinn und Entlohnung notwendig.

Der Begriff Gewinn ist in der Ökonomie nicht eindeutig geklärt. Gewinn kann mindestens auf die Kosten- und Leistungsrechnung und auf die Bilanz bezogen werden. Damit erhält man nicht nur zwei unterschiedliche Definitionen für den Begriff Gewinn, sondern auch in der Praxis zwei unterschiedliche Werte. Während der auf die Kosten- und Leistungsrechnung bezogene Gewinn nur einen Wert ergibt, lassen sich für den auf die Bilanz bezogenen Gewinn in Abhängigkeit der Vielfalt der gemäß den Bilanzrichtlinien möglichen Bewertungsansätze für bestimmte Bilanzpositionen eine Vielzahl von Werten errechnen. Damit ergibt sich für das Gewinnmaximierungsprinzip eine breite Auslegungsmarge.

Die Gewinnmaximierung hat aber noch einen weiteren Nachteil. Die Verfolgung des Gewinnmaximierungsprinzips führt bei vielen Menschen zur Gier. Sie wollen immer mehr Gewinne machen. Das wird in der Regel über Wachstum erreicht. Insofern hängen Wachstum und Gewinn zusammen. Ökonomische Aktivitäten auslösendes Element ist aber der Gewinn und nicht das damit verbundene Wachstum. Gewinnmaximierung wird in einer traditionellen Marktwirtschaft nicht nur über Wachstum, sondern auch durch Wettbewerb angestrebt. Die ökonomische Theorie geht zwar davon aus, dass Wettbewerb in seiner reinen Form

---

[11] Vgl. u.a. Krelle, W./Gabisch, G.: Wachstumstheorie, Berlin u.a. 1972; Bretschger, L.: Wachstumstheorie, 3. Aufl., München, Wien 2004

(vollkommener Wettbewerb bzw. vollkommene Konkurrenz) zum bestmöglichen Wirtschaftsergebnis, der Wohlstandsmaximierung, für eine Volkswirtschaft führt. Da es aber in der Praxis keine Reinform des Wettbewerbs gibt, führt Wettbewerb in der Praxis zu Gewinnen für den Wettbewerbssieger und zu Verlusten, verbunden mit dem Abbau von Arbeitsplätzen und Verlust von Kapital, für den Verlierer. Die Folgen sind – wie wir alle aus der Praxis wissen – ständige Krisen aller Art (Weltwirtschaftskrisen, Konjunkturkrisen, Finanzkrisen, Euro-Krise etc.).

Es gibt folglich nicht nur aus ökologischer Sicht, sondern auch aus ökonomischer Sicht Argumente gegen die Anwendung des Gewinnmaximierungsprinzips. Durch die Dominanz des Gewinnmaximierungsprinzips in Theorie und Praxis ist das Kostendeckungsprinzip fast in Vergessenheit geraten. Die Anwendung des Kostendeckungsprinzips wird vor allem für öffentliche Unternehmen und Unternehmen des gemeinwirtschaftlichen Sektors vertreten. Ein Grund für den „Dornröschenschlaf" des Kostendeckungsprinzips dürfte die Erfolglosigkeit der Unternehmen sein, die nach diesem Prinzip arbeiten. Die Erfolglosigkeit dieser Unternehmen, kann aber nicht als Argument gegen die Anwendung des Kostendeckungsprinzips herangezogen werden. Es ist logisch, dass in einem auf Wettbewerb basierenden Wirtschaftssystem diese Unternehmen keine Chance haben gegen Unternehmen, die den Gewinn maximieren. Die Existenz von Unternehmen in einem Wirtschaftssystem, die nach dem Gewinnmaximierungsprinzip arbeiten und von Unternehmen, die nach dem Kostendeckungsprinzip operieren, kann schlicht als gravierender Konstruktionsfehler des Systems bezeichnet werden.

Für die Anwendung des Kostendeckungsprinzips spricht die Tatsache, dass Unternehmen nicht unbedingt Gewinn erzielen müssen. Alle Zahlungsverpflichtungen eines Unternehmens können als Kosten verbucht werden. Auch die Finanzierung von Investitionen aus offenen oder verdeckten Gewinnen ist kein Argument für die Anwendung des Gewinnmaximierungsprinzips. Einerseits sind die anfallenden Investitionskosten unter der Rubrik Kosten zu verbuchen und zweitens ist in der finanzwirtschaftlichen Literatur eine Vielzahl alternativer Finanzierungsmöglichkeiten dargestellt.[12]

Ein weiteres, vor allem in der Praxis weitverbreitetes Argument für die Anwendung des Gewinnmaximierungsprinzips ergibt sich aus der fälschlichen Annahme, der Gewinn stehe dem Unternehmer zu. Bei sauberer und nicht zu falschen Schlussfolgerungen bzw. Handlungen führender Begriffsverwendung, steht dem Unternehmer der Unternehmerlohn zu. Der Unternehmerlohn ist genau wie der Lohn für die Arbeitnehmer als Kosten zu verbuchen. Wenn so verfahren wird, muss kein Unternehmen Gewinn machen. Unternehmen können nach dem Kos-

---

[12] Vgl. u.a. Busse, F.-J.: Grundlagen der betrieblichen Finanzwirtschaft, 4. Aufl., München, Wien 1996, S. 43 ff.

tendeckungsprinzip arbeiten und stehen damit keinesfalls schlechter dar, als wenn sie nach dem Gewinnmaximierungsprinzip arbeiten. Die Unternehmer werden trotzdem für ihre Leistung entlohnt. Die Unternehmen können alle Kosten bezahlen. Es wird Wohlstand statt Reichtum geschaffen.

Die Anwendung des Kostendeckungsprinzips begrenzt allerdings noch nicht die Gier des Menschen nach immer mehr. Jetzt ist es nicht die Gier nach mehr Gewinn, sondern die Gier nach mehr Lohn. Daher ist für die Anwendung des Kostendeckungsprinzips noch eine Kosten- bzw. Lohnbegrenzung zu entwickeln. Generell ist zur Ergänzung des Kostendeckungsprinzips noch das traditionelle Kostenminimierungsprinzip anzuwenden. Speziell für die Begrenzung der Löhne (Löhne der Arbeiter und der Unternehmen) ist noch ein neues Prinzip zu finden. Die in vielen Wirtschaftssystemen praktizierte Lohn- bzw. Tarifautonomie der Gewerkschaften konnte die ungleiche Einkommens- und Vermögensverteilung bisher nicht positiv verändern. Im Gegenteil, die Verteilung wird - wie in empirischen Studien festgestellt wurde - immer ungleicher.[13] Die Tarifautonomie ist als geregelte Lohnaushandlung für die Arbeiter anzusehen. Dem gegenüber steht aber eine nicht geregelte Festsetzung des Unternehmerlohns. Ein weiterer gravierender Konstruktionsfehler bekannter Wirtschaftssysteme.

Um eine Lohnbegrenzung bzw. eine für Arbeiter und Unternehmer geregelte Lohnfestsetzung zu finden, kann nur von den Erlösen eines Unternehmens ausgegangen werden. Die Anwendung des Kostendeckungsprinzips bewirkt, dass die Kosten und Erlöse eines Unternehmens gleich sind. Da die Löhne auf der Kostenseite verbucht werden, muss für die Begrenzung der Löhne eine Beziehung zu den Erlösen, die sich aus der Multiplikation der Verkaufsmenge und dem Verkaufspreis ergeben, hergestellt werden. Damit eine Wirtschaft funktioniert, ist sicherzustellen, dass die Bürger so viel verdienen, um die angebotenen Güter zu kaufen. Es ist folglich eine Beziehung zwischen Preisen und Löhnen herzustellen. Diese Beziehung ist von großer Bedeutung. Eine falsch gewählte Beziehung führt zu Wirtschaftskrisen. Wenn die Löhne nicht den Preisen entsprechen, können die Bürger die produzierten, auf dem Markt angebotenen Güter nicht kaufen. Die Krise ist perfekt.

Eine Lohn-Preis-Regel, die Wirtschaftskrisen verhindert, wurde im Rahmen der Nachhaltigkeitsforschung gefunden. Danach muss der Preis pro Mengeneinheit eines Gutes dem Lohn pro Bürger bzw. Mengeneinheit entsprechen bzw. die Summe der gezahlten Löhne (Kosten) gleich den Erlösen sein.[14]

Als dritte Ergänzung des Kostendeckungsprinzips ist die Optimierung der Quali-

---

[13] Vgl. u.a. Goebel, J./Grabka, M.M./Schröder, C.: Einkommensungleichheit in Deutschland bleibt weiterhin hoch – junge Alleinlebende und Berufseinsteiger sind zunehmend von Armut bedroht, in: DIW Wochenbericht Nr. 25/2015 vom 17. Juni 2015, S. 571 - 586
[14] Vgl. Witte, H.: Die nachhaltige Marktwirtschaft. Wohlstand ohne *self-made* Krisen? Berlin 2013, S. 125, 134 ff.

tät der Güter anzuwenden, damit sichergestellt wird, dass die Güter in der gewünschten Qualität zu geringsten Kosten hergestellt bzw. zum geringsten Preis angeboten werden. Die Wirtschaft ist dann produktionseffizient (X-effizient[15]) und qualitätseffizient (Q-effizient[16]).

### 2.1.4.3 Die ökonomische Nachhaltigkeit

Die dritte Säule bzw. Komponente der Nachhaltigkeit ist die ökonomische Nachhaltigkeit. Die ökonomische Nachhaltigkeit fordert den Ausgleich bzw. das Gleichgewicht zwischen „Arm" und „Reich". Die Forderung ist nicht neu. Sie konnte bisher nicht erfüllt werden und erscheint daher zunächst als unerfüllbar. Die Ansätze zum Abbau des Unterschieds zwischen „Arm" und „Reich" sind vielfältig. Die Ansätze der kirchlichen Soziallehren,[17] der Sozialismus,[18] die Lehren der Sozialwirtschaft[19] und der Gemeinwirtschaft,[20] die von Ludwig Erhard[21] betriebene „Soziale" Marktwirtschaft und die Corporate Social Responsibility (CSR-) Forschung[22] haben ebenfalls das Ziel des Abbaus des Unterschieds zwischen „Arm" und „Reich" verfolgt. Die Ergebnisse sind bekanntlich negativ.

Der Ansatz der Nachhaltigkeit ist bisher nicht erfolgreicher. Die Idee der Vereinten Nationen, die Nachhaltigkeit in einem weltweiten nachhaltigen Entwicklungsprozess zu verwirklichen, konnte bisher nicht durchgesetzt werden. Allerdings zeigt sich ein Ansatzpunkt für die Durchsetzung der Nachhaltigkeit. Basis eines weltweiten Entwicklungsprozesses sind ohne Zweifel die in Unternehmen ablaufenden Produktionsprozesse. Wenn die Produktionsprozesse in allen Un-

---

[15] Vgl. zur X-Effizienz Leibenstein, H.: Inflation, income distribution and X-efficiency theory, London 1980

[16] Vgl. zur Q-Effizienz Drèze, J.H./Hagen, K.P.: Choice of Product Quality: Equilibrium and Efficiency, in: Econometrica, Vol. 48 (1978), S. 493 - 513

[17] Vgl. Euchner, W./Grebing, H. u.a.: Geschichte der sozialen Ideen in Deutschland: Sozialismus – Katholische Soziallehre – Protestantische Sozialethik, 2. Aufl., hrsg. V. Grebing, H., Wiesbaden 2005 (Essen 2000$^1$)

[18] Vgl. u.a. Marx, K.: Das Kapital. Kritik der politischen Oekonomie, 1. Bd., 40. Aufl., Berlin 2013, 2. Bd. 33. Aufl., Berlin 2012, 3. Bd., 34. Aufl., Berlin 2012 (Hamburg 1867$^1$)

[19] Vgl. u.a. Nell-Breuning, O.v.: Die soziale Enzyklika, Köln 1932; ders.: Sozialehre der Kirche, Wien 1977

[20] Vgl. u.a. Mises, L.v.: Die Gemeinwirtschft – Untersuchungen über den Sozialismus, Jena 1922; Thiemeyer, T.: Gemeinwirtschaftlichkeit als Ordnungsprinzip: Grundlegung einer Theorie gemeinnütziger Unternehmen, Berlin 1970; Ostrom, E.: Governing the commons: The evolution of institutions for collective action, Cambridge u.a. 1990 (deutsch: Die Verfassung der Allmende: Jenseits von Staat und Markt, Tübingen 1999 (Dritter Nachdruck 2013))

[21] Vgl. Erhard, L.: Wohlstand für Alle, 8. Aufl., Bonn 1964 (Düsseldorf 1957$^1$)

[22] Vgl. u.a. Europäische Kommission: Europäische Rahmenbedingungen für die soziale Verantwortung der Unternehmen – Grünbuch -, KOM(2001) 366 endg.; Europäische Kommission: Eine neue EU-Strategie (2011-14) für die soziale Verantwortung der Unternehmen (CSR), KOM(2011) 681 endg.

ternehmen der Welt nachhaltig ausgelegt sind, ist ein wichtiger Grundstein für die Durchsetzung der Nachhaltigkeit gegeben.

Analysiert man den Produktionsprozess zunächst in einem kleinen Unternehmen, so kann man die Bedingungen für die Verwirklichung der ökonomischen Nachhaltigkeit ableiten. Es zeigt sich, – wie bereits bei der ökologischen Komponente der Nachhaltigkeit ausgeführt (s.o.) - dass die ökonomische Nachhaltigkeit gegeben ist, wenn die Mitarbeiter den Lohn erhalten, den sie benötigen, um die angebotenen Güter zu kaufen. Wenn zudem der Lohn für die Arbeiter gleich dem Lohn für die Unternehmer ist, gibt es weder „Arme" noch „Reiche". Die Wirtschaft funktioniert optimal. Es gibt keine Wirtschaftskrisen mit den bekannten negativen Auswirkungen auf die Verteilung von Einkommen und Vermögen.[23]

Es zeigt sich somit, dass auch für die Verwirklichung der ökonomischen Nachhaltigkeit die oben erwähnte Lohn-Preis-Regel heranzuziehen ist. Die ökologische und die ökonomische Nachhaltigkeit haben folglich den gleichen Ansatzpunkt. Die Durchsetzung der Nachhaltigkeit insgesamt wird somit einfacher.

### 2.1.5 Nachhaltigkeit: Utopie oder realisierbar?

Von vielen Menschen wird die Nachhaltigkeit als Utopie, eine an keinem Ort der Welt verwirklicht und auch nicht verwirklichbare Idee angesehen. Bei oberflächlicher Betrachtung könnte man diesen Menschen Recht geben. Doch gibt es einen leicht übersehbaren Hinweis auf die Verwirklichung der Nachhaltigkeit. Weisman berichtet in seinem Werk Gaviotas,[24] dass die Nachhaltigkeit in einem weit von den wichtigen Zentren der Welt abgelegenen Ort in einer kargen Region in Kolumbien verwirklicht wurde. Dieser Ort heißt Gaviotas. Die Nachhaltigkeit ist somit keine Utopie (utopia), sondern eine „Topie" (topia).[25]

Allerdings muss erwähnt werden, dass man sich auch in Gaviotas vor allem auf die Verwirklichung der ökologischen Komponente der Nachhaltigkeit konzentriert hat.

Nach den Ausführungen von Weisman kann man davon ausgehen, dass die Gewinnmaximierung in Gaviotas kaum eine bzw. gar keine Rolle spielt. In der kargen Landschaft geht es um die schlichte Sicherung der Lebensbedingungen. Es kann daher eine Parallele zu den obigen Ausführungen gezogen werden. Es wurde oben gezeigt, dass die ökologische und die ökonomische Komponente der Nachhaltigkeit dann verwirklicht sind, wenn keine Gewinnmaximierung betrieben wird. Diese theoretische Erkenntnis geht konform mit den Gegebenheiten in Gaviotas.

---

[23] Vgl. Witte, H.: Die nachhaltige Marktwirtschaft, S. u.a. 153
[24] Vgl. Weisman, A.: Gaviotas: Ein Dorf erfindet die Nachhaltigkeit, München, Zürich 2013
[25] Vgl. Weisman, A.: Gaviotas, S. 27

Des Weiteren kann man aus dem Beispiel Gaviotas die Erkenntnis ableiten, dass es in einfachen Strukturen ohne großen Wohlstand und ohne großen bürokratischen Verwaltungsapparat möglich ist, die Nachhaltigkeit durchzusetzen. Weder Wohlstand noch Bürokratie behindern den Willen der Menschen zur Durchsetzung der Nachhaltigkeit. Vielleicht gilt für Gaviotas auch das alte deutsche Sprichwort. „Not macht erfinderisch". Ein Sprichwort, das durch folgende Erkenntnis komplettiert werden sollte: „Not macht neue Dinge durchsetzbar". Hingegen macht Wohlstand nicht nur satt, sondern auch träge und handlungs- bzw. durch(um-)setzungsunfähig. Diese Unfähigkeit, Neuerungen durchzusetzen, wird zudem durch ein sehr komplexes Rechtsystem gestärkt. Man kann davon ausgehen, dass das Rechtsystem in Gaviotas schlank ist und somit die Durchsetzung der Nachhaltigkeit unterstützt.

## 2.1.6 Strategien zur Durchsetzung der Nachhaltigkeit

Für die Durchsetzung von geplanten Aktivitäten sind in der betriebswirtschaftlichen Literatur[26] generelle Strategien bekannt. Es ist zu prüfen, ob diese generellen Strategien auch für die Durchsetzung der Nachhaltigkeit angewandt werden können. Alternativ wäre eine spezielle Strategie für die Durchsetzung der Nachhaltigkeit abzuleiten.

### 2.1.6.1 Generelle Strategien zur Durchsetzung der Nachhaltigkeit

Prinzipiell kann eine geplante Aktivität mittels zweier genereller Strategien durchgesetzt werden. Alle notwendigen Schritte zur Durchsetzung einer Aktivität werden gleichzeitig (parallel, simultan, en bloc) oder schrittweise (stufenweise, nacheinander, sukzessive) umgesetzt.[27]

Für die aus drei Komponenten bestehende Nachhaltigkeit ergeben sich somit die in Tab. 1 dargestellten alternativen generellen Strategien.

Tab.1: Generelle Strategien zur Durchsetzung der Nachhaltigkeit

|  | Gleichzeitig | Schrittweise |
|---|---|---|
| alle drei Komponenten | X | X |
| zwei Komponenten | X | X |
| eine Komponente | X | X |

Quelle: eigene Darstellung

---

[26] Vgl. u.a. Ansoff, H.I.: Corporate Strategy, New York 1965
[27] Vgl. u.a. Ossadnik, W.: Planung und Entscheidung, in: Corsten, H./Reiß, M. (Hrsg.): Betriebswirtschaftslehre, München, Wien 1994, S. 141 – 232, hier S.221 f.

Alle drei Komponenten der Nachhaltigkeit werden entweder gleichzeitig oder schrittweise durchgesetzt. Alternativ könnte man sich zunächst auf die Durchsetzung von nur zweier Komponenten konzentrieren und mit der dritten Komponente nachziehen. Als weitere Alternative gibt es die Möglichkeit sich zunächst nur auf eine Komponente zu konzentrieren und später die anderen beiden Komponenten durchsetzen. In beiden Fälle wäre eine Reihenfolge der Komponenten der Nachhaltigkeit für die Durchsetzung festzulegen. Zudem wäre zu entscheiden, ob alle notwendigen Schritte für die Durchsetzung einer Komponente der Nachhaltigkeit gleichzeitig oder schrittweise zu verwirklichen sind.

### 2.1.6.2 Diskutierte Strategien zur Durchsetzung der Nachhaltigkeit

In der Literatur zur Nachhaltigkeit werden vor allem vier Strategien zur Durchsetzung der Nachhaltigkeit diskutiert. Diese Strategien werden in der Regel als Modelle bezeichnet. Es sind das Drei-Säulen-Modell,[28] das Schnittmengenmodell,[29] das Nachhaltigkeitsdreieck und das integrierende Nachhaltigkeitsdreieck.[30]

Das Drei-Säulen-Modell ist in Abb. 2 dargestellt. Im Prinzip handelt es sich um die drei Säulen der Nachhaltigkeit, die in Abb. 1 dargestellt sind. Der einzige Unterschied besteht in der Darstellung der Säulen, die hier im Gegensatz zur Darstellung in Abb. 1 gleich lang sind. Damit soll verdeutlich werden, dass die drei Komponenten der Nachhaltigkeit gleiche Bedeutung haben. Sie sollten auch bei der Durchsetzung der Nachhaltigkeit gleiches Gewicht haben. Diese theoretische Forderung wird – wie bereits oben ausgeführt – aktuell in der Praxis nicht erfüllt.

---

[28] Vgl. Vgl. Deutscher Bundestag: Umweltgutachten 2002 des Rates von Sachverständigen für Umweltfragen: Für eine neue Vorreiterrolle, Drucksache 14/8792, 15.04. 2002, S. 67 f.
[29] Vgl. u.a. Pufé, I.: Nachhaltigkeit, 2. Aufl., Konstanz, München 2014, S. 120 f.
[30] Vgl. u.a. Jörissen, J./Kopfmüller, J./Brandl, V./Paetau, M.: Ein integratives Konzept nachhaltiger Entwicklung, Karlsruhe 1999, insbes. S. 4, 7, 37 ff.

Abb. 2: Das Drei-Säulen-Modell

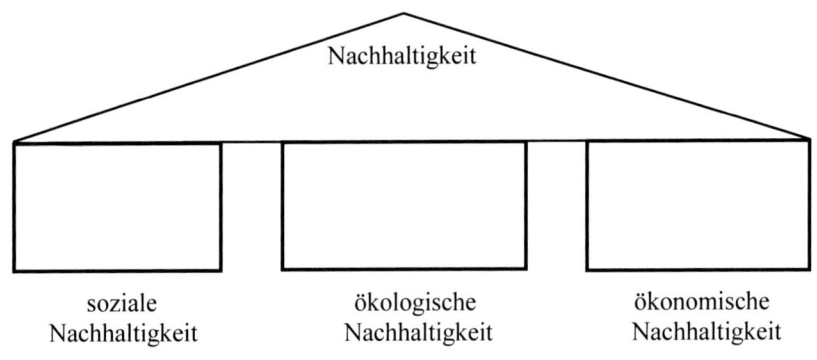

```
              Nachhaltigkeit
    ┌─────────┐ ┌─────────┐ ┌─────────┐
    │         │ │         │ │         │
    │         │ │         │ │         │
    └─────────┘ └─────────┘ └─────────┘
     soziale     ökologische  ökonomische
   Nachhaltigkeit Nachhaltigkeit Nachhaltigkeit
```

Quelle: eigene Darstellung

Das Drei-Säulen-Modell wurde vom Sachverständigenrat für Umweltfragen als ohne Orientierungsfunktion und hyperkomplex bezeichnet. Es führt zur Überforderung des politischen Systems.[31] Häufig wird auch die Gleichgewichtung der drei Komponenten der Nachhaltigkeit kritisiert, weil der ökologischen Komponente zum Schutz der Lebensbedingungen der Menschheit höhere Bedeutung zukommen sollte.[32] Diesen Kritikpunkten muss man nicht unbedingt zustimmen, da man ein Modell mit drei Säulen nicht als besonders komplex und Gleichgewichtung nicht als nachteilig einstufen sollte.

Das in Abb. 3 veranschaulichte Schnittmengenmodell wird auch als Dreiklangmodell bezeichnet. Das Modell überwindet das isolierte Nebeneinander der drei Komponenten der Nachhaltigkeit. Es werden Schnittmengen bzw. Überlappungen der drei Komponenten aufgezeigt. Der Übergang von einer Komponente zur anderen ist fließend.

---

[31] Vgl. Deutscher Bundestag: Umweltgutachten 2002 des Rates von Sachverständigen für Umweltfragen ..., S. 68
[32] Vgl. Pufé, I.: Nachhaltigkeit, S. 120 f.

Abb. 3: Das Schnittmengenmodell

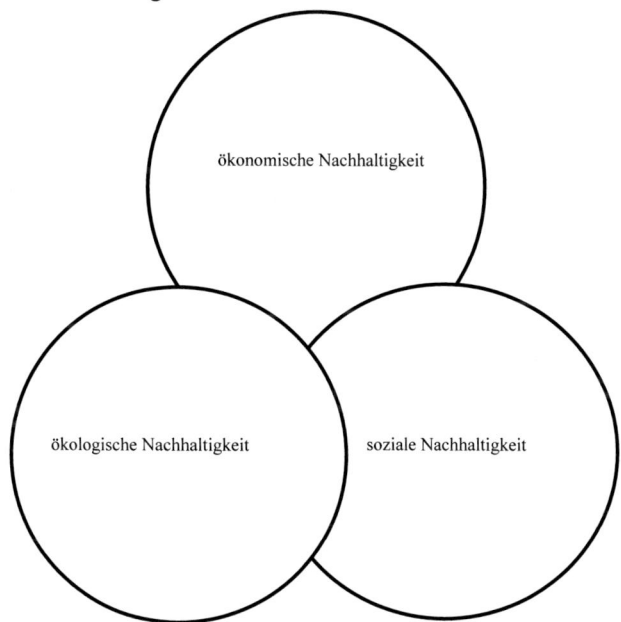

ökonomische Nachhaltigkeit

ökologische Nachhaltigkeit     soziale Nachhaltigkeit

Quelle: eigene Darstellung

Das Schnittmengenmodell zeigt zwar in der Praxis bestehende Überschneidungsbereiche der drei Komponenten der Nachhaltigkeit auf und kann je nach Wahl der Größe der drei Kreise eine Gleichgewichtung oder eine Ungleichgewichtung der drei Komponenten veranschaulichen. Trotzdem fehlt dem Modell anscheinend die Überzeugungskraft. Dies ergibt aus der Tatsache, dass weitere Modelle entwickelt wurden.

Als Weiterentwicklung des Säulen- und des Schnittmengenmodells gilt das Nachhaltigkeitsdreieck (vgl. Abb. 4). In einem gleichseitigen Dreieck kommen die Gleichgewichtung der Komponenten der Nachhaltigkeit, ihre Zusammengehörigkeit, ihre Überschneidungsbereiche und ihre Integration zu einem System zum Ausdruck.

Abb. 4: Das Nachhaltigkeitsdreieck

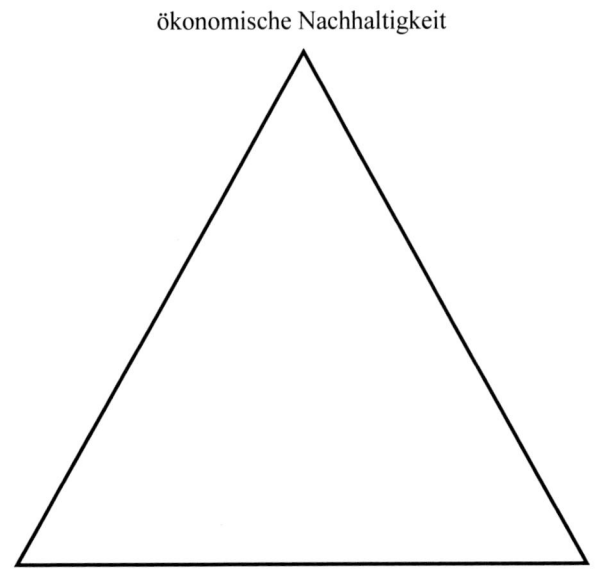

ökonomische Nachhaltigkeit

ökologische Nachhaltigkeit	soziale Nachhaltigkeit

Quelle: eigene Darstellung

Das Nachhaltigkeitsdreieck wurde zum integrierenden Nachhaltigkeitsdreieck weiterausgebaut (auch als Gibbsches Dreieck bezeichnet), indem die Fläche in zehn Felder unterteilt wurde (vgl. Abb. 5). Die zehn Felder verdeutlichen unterschiedliche Erfüllungsgrade der Nachhaltigkeit.

Den höchsten Erfüllungsgrad der Nachhaltigkeit gibt Feld 3 an. Hier liegt gleichzeitig soziale, ökologische und ökonomische Nachhaltigkeit vor. Die Felder 1, 9 und 10 zeigen starke Nachhaltigkeit an. In Feld 1 wird stark ökonomisch nachhaltig veranschaulicht. Feld 9 verdeutlicht stark ökologisch nachhaltig und Feld 10 stark sozial nachhaltig.

Die Feld 2, 7 und 8 zeigen den Erfüllungsgrad vorwiegend nachhaltig hinsichtlich einer Komponente der Nachhaltigkeit. Feld 2 verdeutlicht den Zustand vorwiegend ökonomisch nachhaltig, Feld 7 vorwiegend ökologisch nachhaltig und Feld 8 vorwiegend sozial nachhaltig.

Die Felder 4, 5 und 6 demonstrieren jeweils den Erfüllungsgrad zweier Komponenten der Nachhaltigkeit. Feld 4 zeigt den Erfüllungsgrad ökologisch und ökonomisch nachhaltig, Feld 5 ökonomisch und sozial nachhaltig und Feld 6 sozial und ökonomisch nachhaltig.

Abb. 5: Das integrierende Nachhaltigkeitsdreieck

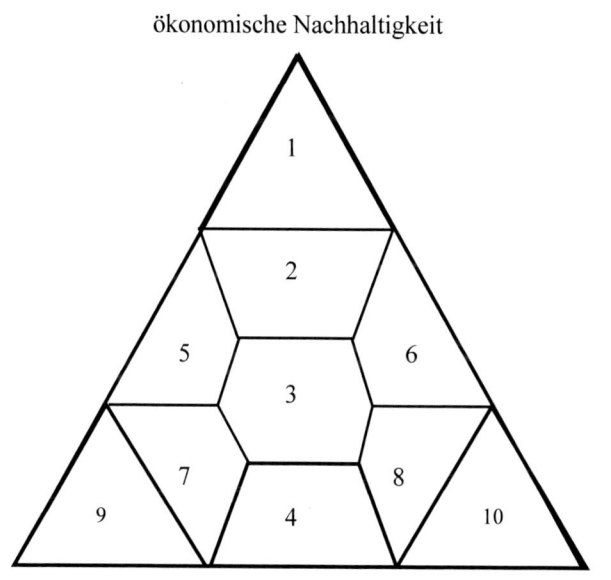

ökonomische Nachhaltigkeit

ökologische Nachhaltigkeit                    soziale Nachhaltigkeit

Quelle: eigene Darstellung

1 = stark ökonomisch nachhaltig
2 = vorwiegend ökonomisch nachhaltig
3 = sozial, ökologisch und ökonomisch nachhaltig
4 = ökologisch und ökonomisch nachhaltig
5 = ökonomisch und sozial nachhaltig
6 = sozial und ökonomisch nachhaltig
7 = vorwiegend ökologisch nachhaltig
8 = vorwiegend sozial nachhaltig
9 = stark ökologisch nachhaltig
10 = stark sozial nachhaltig

Die Einteilung des Nachhaltigkeitsdreiecks in verschiedene Bereiche unterschiedlichen Erfüllungsgrades der Nachhaltigkeit kann keinesfalls überzeugen. Zumindest für die ökonomische Nachhaltigkeit ist festzustellen, dass es keine unterschiedlichen Erfüllungsgrade geben kann. Entweder ist eine Aktivität ökonomisch nachhaltig oder nicht. Abstufungen der Nachhaltigkeit machen diesbezüglich keinen Sinn. Dies ergibt aus der Tatsache, dass die ökonomische Nachhaltigkeit, der Ausgleich zwischen „Arm" und „Reich" nur gegeben ist, wenn es keinen Gewinn gibt. Bereits etwas Gewinn führt über mehrere Wirtschaftsperioden betrachtet zu einem deutlichen finanziellen Unterschied zwischen den Wirtschaftseinheiten. Es gibt „Arme" und „Reiche".[33]

### 2.1.6.3 Eine spezielle Strategie zur Durchsetzung der Nachhaltigkeit

Da sich die in der Literatur diskutierten Modelle zur Verwirklichung der Nachhaltigkeit nicht unbedingt eignen, um Strategien für die Durchsetzung der Nachhaltigkeit abzuleiten, ist eine geeignet bzw. spezielle Strategie zu entwickeln.

Eine spezielle Strategie zur Durchsetzung der Nachhaltigkeit ist in Tab. 2 dargestellt. Es ist zunächst die ökonomische Nachhaltigkeit durchzusetzen. Dabei sind alle Schritte zur Durchsetzung dieser Komponente der Nachhaltigkeit gleichzeitig zu verwirklichen. Wenn die ökonomische Nachhaltigkeit durchgesetzt ist, werden die ökologische und die soziale Komponente der Nachhaltigkeit parallel durchgesetzt. Die einzelnen Schritte zur Verwirklichung dieser beiden Komponenten der Nachhaltigkeit werden schrittweise durchgesetzt.

Tab.2: Eine spezielle Strategie zur Durchsetzung der Nachhaltigkeit

|  | gleichzeitig | Schrittweise |
|---|---|---|
| eine Komponente: die ökonomische Nachhaltigkeit | X | - |
| zwei Komponenten: die ökologische und die soziale Nachhaltigkeit | - | X |

Quelle: eigene Darstellung

Für die spezielle Strategie zur Durchsetzung der Nachhaltigkeit ist zu begründen, warum die ökonomische Komponente der Nachhaltigkeit zuerst durchgesetzt werden soll und warum alle Schritte zur Verwirklichung dieser Komponente der Nachhaltigkeit gleichzeitig zu verwirklichen sind.

Doch zunächst ist die spezielle Strategie zur Durchsetzung der Nachhaltigkeit grafisch zu veranschaulichen (vgl. Abb. 6). Aus Abb. 6 wird deutlich, dass zunächst die ökonomische Nachhaltigkeit durchzusetzen ist. Da für die Durchsetzung der ökologischen und der sozialen Nachhaltigkeit mit der Verwirklichung

---

[33] Vgl. Witte, H.: Die nachhaltige Marktwirtschaft, S. 58 – 68, 125 - 144

der ökonomischen Nachhaltigkeit eine wichtige Voraussetzung geschaffen wird, können in einem zweiten Schritt die ökologische und die soziale Nachhaltigkeit parallel verwirklicht werden. Als Ergebnis zeigt sich dann die Verwirklichung der Nachhaltigkeit insgesamt.

Abb. 6: Grafische Darstellung der speziellen Strategie zur Durchsetzung der Nachhaltigkeit (Stufenmodell)

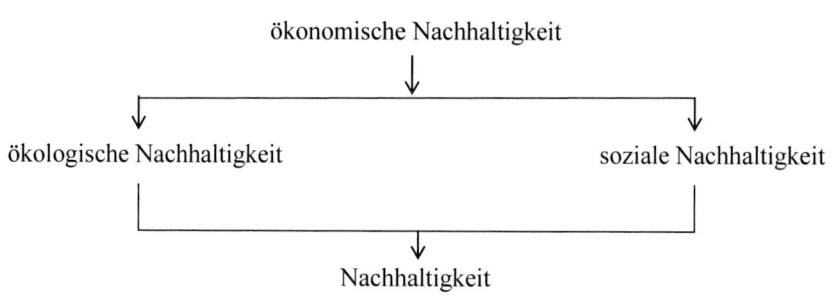

ökonomische Nachhaltigkeit
↓
ökologische Nachhaltigkeit          soziale Nachhaltigkeit
↓
Nachhaltigkeit

Quelle: eigene Darstellung

Die Notwendigkeit bei der Verwirklichung der Nachhaltigkeit zuerst die ökonomische Komponente der Nachhaltigkeit durchzusetzen, ergibt aus der Tatsache, dass die Verwirklichung der ökonomischen Komponente eine Voraussetzung für die Durchsetzung der anderen beiden Komponenten der Nachhaltigkeit ist. Dies soll an zwei Beispielen gezeigt werden.

Die ökonomische Komponente der Nachhaltigkeit ist - wie oben ausgeführt - gegeben, wenn alle Wirtschaftseinheiten in einem Wirtschaftssystem keinen Gewinn machen und stattdessen nach dem Kostendeckungsprinzip arbeiten. Eine Konsequenz des Verzichts auf die Gewinnerzielung ist, dass es keine Staatsverschuldung geben darf und auch nicht geben kann.[34] Wenn es keine Staatsverschuldung gibt, ist der Ausgleich zwischen den Generationen hergestellt. Keine folgende Generation muss die Last der Staatsverschuldung tragen, die von einer oder mehreren vorhergehenden Generation(en) aufgebaut wurde. Das ist sozial nachhaltig und nur in einer nachhaltigen Marktwirtschaft möglich.

Die seit Jahren geführte Diskussion zur Durchsetzung einer intensiven Umweltpolitik hat immer wieder gezeigt, dass die Berechnung von in Geldeinheiten gemessenem Nutzen von Umweltschutzmaßnahmen schwierig ist. Daher liegen bei vielen Maßnahmen die Kosten deutlich über den Nutzen. Folglich verzichten gewinnmaximierende Wirtschaftseinheiten auf die Durchsetzung der Maßnahmen. Das Wirtschaften auf der Basis des Kostendeckungsprinzips würde viele

---

[34] Vgl. Witte, H.: Die nachhaltige Marktwirtschaft, S. 58 - 68

Umweltschutzmaßnamen durchsetzbar machen, auf deren Verwirklichung gewinnmaximierende Wirtschaftseinheiten verzichten würden. Es wird somit ein Beitrag zur ökologischen Nachhaltigkeit geleistet.

Die ökonomische Nachhaltigkeit ist in einem Schritt gleichzeitig für alle Wirtschaftseinheiten eines Wirtschaftssystems durchzusetzen. Das Wirtschaftssystem kann nicht funktionieren, wenn es nach dem Gewinnmaximierungsprinzip und nach dem Kostendeckungsprinzip operierende Wirtschaftseinheiten in einem System gibt. Zudem muss gleichzeitig ein Erlass aller Schulden erfolgen, da nach Einführung des Kostendeckungsprinzips keine Schulden mehr zurückgezahlt werden können. Ferner darf das Wirtschaftssystem nicht vom Außenhandel und Weltwährungssystem abhängig sein. Wenn diese Bedingungen nicht erfüllt sind, kann die ökonomische Nachhaltigkeit nur in einem Gleichschritt aller Volkswirtschaften auf der Welt verwirklicht werden.

Anders als die ökonomische Komponente der Nachhaltigkeit sind die beiden anderen Komponenten, die soziale und die ökologische Nachhaltigkeit, aufgrund der vielen notwendigen Maßnahmen zu ihrer Durchsetzung nur schrittweise zu verwirklichen. In der Praxis sind bereits viele Maßnahmen zur Verwirklichung der ökologischen und der sozialen Nachhaltigkeit durchgesetzt worden, ohne dass die Realisierung der ökonomischen Nachhaltigkeit auch nur ansatzweise verfolgt wurde. Die Situation führt zum angepassten Stufenmodell (vgl. Abb. 7).

Abb. 7: Das angepasste Stufenmodell

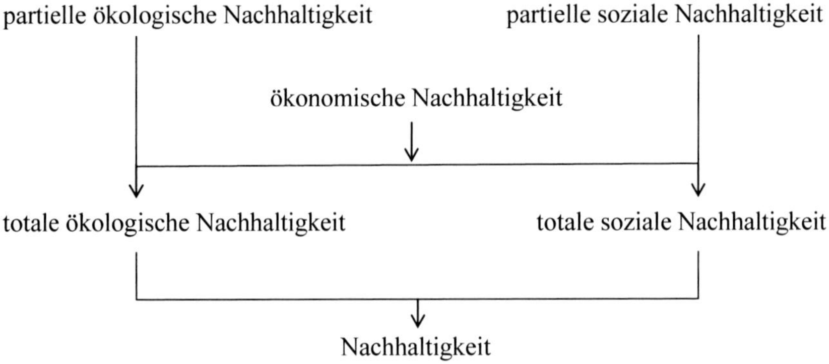

partielle ökologische Nachhaltigkeit          partielle soziale Nachhaltigkeit
                              |
              ökonomische Nachhaltigkeit
                              ↓
              ↓                              ↓
totale ökologische Nachhaltigkeit          totale soziale Nachhaltigkeit
                              |
                              ↓
                      Nachhaltigkeit

Quelle: eigene Darstellung

Die ökologische und die soziale Komponente der Nachhaltigkeit werden zunächst nur partielle durchgesetzt. Erst wenn die ökonomische Komponente der Nachhaltigkeit verwirklicht wird, können die beiden anderen Komponenten der Nachhaltigkeit aus dem oben genannten Grund total verwirklicht werden.

Für die Verwirklichung des von den Vereinten Nationen propagierten weltweiten nachhaltigen Entwicklungsprozesses gibt es gemäß den obigen Ausführungen nur zwei Möglichkeiten. Die erste Möglichkeit ist, dass eine große Volkswirtschaft den Vorreiter für die Verwirklichung der ökonomischen Komponente der Nachhaltigkeit spielt und aufgrund seiner Größe die anderen Volkswirtschaften zum Mitmachen nötigt. Die zweite Möglichkeit ist, dass viele kleine Volkswirtschaften ein Beispiel geben, das andere Volkswirtschaften zum Mitmachen überzeugt. Ein Beispiel ist das Dorf Gaviotas in Kolumbien, das aufgrund seiner Lage abseits der Entwicklungszentren seine Chance in der Verwirklichung der Nachhaltigkeit sah. In einem zweiten Schritt sind dann sukzessive die soziale und ökologische Nachhaltigkeit weltweit durchzusetzen.

### 2.1.7 Schlussbemerkungen

Die Vielzahl der in der Umgangssprache üblichen Interpretationen des Begriffs „nachhaltig" ist für die wissenschaftliche Analyse hinderlich. Die Wissenschaft und die Politik müssen für die Verwirklichung der Nachhaltigkeit auf die von den Vereinten Nationen propagierte Definition der Nachhaltigkeit zurückgreifen. Der weltweite nachhaltige Entwicklungsprozess, den die Vereinten Nationen in Gang setzen wollen, ist nur durch die Verwirklichung der sozialen, ökologischen und ökonomischen Komponente der Nachhaltigkeit zu realisieren.

Die bisher in der Literatur dargestellten Strategien bzw. Modelle zur Verwirklichung der Nachhaltigkeit (das Drei-Säulen-Modell, das Schnittmengenmodell, das Nachhaltigkeitsdreieck und das integrierenden Nachhaltigkeitsdreieck) sind nur bedingt geeignet, um die Nachhaltigkeit umfassend herzustellen. Teilerfolge sind zwar möglich. Eine totale Durchsetzung der Nachhaltigkeit hingegen nicht. Grund ist die Tatsache, dass sich die ökonomische Komponente der Nachhaltigkeit als Voraussetzung für die totale Verwirklichung der sozialen und der ökologischen Komponente der Nachhaltigkeit zeigt. Nur wenn die ökonomische Komponente der Nachhaltigkeit durch den Verzicht auf die Anwendung des Gewinnmaximierungsprinzips verwirklicht ist, kann die Gewinnmaximierung nicht mehr die Verwirklichung der anderen beiden Komponenten der Nachhaltigkeit verhindern. Die Nachhaltigkeit ist daher nur stufenweise durchzusetzen. Es ist erst die ökonomische Komponente und dann die beiden anderen Komponenten der Nachhaltigkeit zu verwirklichen, wie es im Stufenmodell gezeigt wurde. Nichts desto trotz haben alle drei Komponenten der Nachhaltigkeit, die soziale, die ökologische und die ökonomische Nachhaltigkeit, gleiche Bedeutung bzw. gleiches Gewicht. Dies wird mit dem Drei-Säulen-Modell der Nachhaltigkeit veranschaulicht. Die gleiche Bedeutung ergibt aus dem Tatbestand, dass gleich welche Komponente nicht erfüllt ist, die Nachhaltigkeit insgesamt nicht verwirklicht werden kann.

Da in der Praxis bereits Maßnahmen zur Durchsetzung der ökologischen und der sozialen Nachhaltigkeit getroffen wurden, ist das Stufenmodell zum angepassten

Stufenmodell abzuwandeln. Die ökologische und die soziale Komponente der Nachhaltigkeit werden gemäß dem angepassten Stufenmodell zunächst partiell verwirklicht. Eine totale Realisierung ist erst nach Durchsetzung der ökonomischen Nachhaltigkeit möglich.

In einer nachhaltigen Wirtschaft ist statt des Gewinnmaximierungsprinzips das Kostendeckungsprinzip bei Kostenminimierung und Qualitätsoptimierung anzuwenden.

Das Beispiel des Dorfes Gaviotas in Kolumbien zeigt, dass die Verwirklichung der Nachhaltigkeit keine Utopie, sondern eine „Topie" ist. Allerdings wird es noch ein langer Weg sein, bis die Nachhaltigkeit weltweit durchgesetzt ist. Voraussetzung ist die Bereitschaft der Menschen, insbesondere der Politiker, die deutlichen Vorteile des nachhaltigen Wirtschaftens zu erkennen, zu akzeptieren und die notwendigen Veränderungen zu realisieren. Die Vorteile des nachhaltigen Wirtschaftens bestehen in der permanenten Steigerung des Wohlstands, da vom Wirtschaftssystem bedingte Krisen verhindert werden.

Einen Einstieg in die Diskussion und den Veränderungsprozess bilden die Berücksichtigung der Nachhaltigkeit im betrieblichen Rechnungswesen, die Erklärung der Bedeutung und der Vielschichtigkeit des Begriffs Gewinn.

## Literaturhinweis

Ansoff, H.I.: Corporate Strategy, New York 1965

Bretschger, L.: Wachstumstheorie, 3. Aufl., München, Wien 2004

Bundesministerium für Umwelt, Naturschutz und Reaktorsicherheit (Hrsg.): Umweltpolitik. Konferenz der Vereinten Nationen für Umwelt und Entwicklung im Juni 1992 in Rio de Janeiro – Dokumente -, Agenda 21, Bonn o.J.

Busse, F.-J.: Grundlagen der betrieblichen Finanzwirtschaft, 4. Aufl., München, Wien 1996

Carlowitz, H.K.v.: Sylvicultura oeconomica oder haußwirtschaftliche Nachricht und Naturmäßige Anweisung zur Wilden Baum-Zucht, Leipzig 1713 (Nachdruck Freiberg 2000)

Drèze, J.H./Hagen, K.P.: Choice of Product Quality: Equilibrium and Efficiency, in: Econometrica, Vol. 48 (1978), S. 493 - 513

Der Grosse Duden, Bd. 8, Sinn- und sachverwandte Wörter und Wendungen, Mannheim u.a. 1972

Der Grosse Duden, Bd. 8, Das Synonymwörterbuch. Ein Wörterbuch sinnverwandter Wörter, 6. Aufl., Berlin 2014

Deutscher Bundestag: Umweltgutachten 2002 des Rates von Sachverständigen für Umweltfragen: Für eine neue Vorreiterrolle, Drucksache 14/8792, 15.04.2002

Enders, J.C./Remig, M. (Hg.): Perspektiven nachhaltiger Entwicklung – Theorien am Scheideweg, Marburg 2013

Erhard, L.: Wohlstand für Alle, 8. Aufl., Bonn 1964 (Düsseldorf 1957[1])

Euchner, W./Grebing, H. u.a.: Geschichte der sozialen Ideen in Deutschland: Sozialismus – Katholische Soziallehre – Protestantische Sozialethik, 2. Aufl., hrsg. V. Grebing, H., Wiesbaden 2005 (Essen 2000[1])

Europäische Kommission: Eine neue EU-Strategie (2011-14) für die soziale Verantwortung der Unternehmen (CSR), KOM(2011) 681 endg.

Europäische Kommission: Europäische Rahmenbedingungen für die soziale Verantwortung der Unternehmen – Grünbuch -, KOM(2001) 366 endg.

Gesetz zur Förderung der Stabilität und des Wachstums der Wirtschaft (StabWG) vom 8. Juni 1967 (BGBL. I S. 582)

Goebel, J./Grabka, M.M./Schröder, C.: Einkommensungleichheit in Deutschland bleibt weiterhin hoch – junge Alleinlebende und Berufseinsteiger sind zunehmend von Armut bedroht, in: DIW Wochenbericht Nr. 25/2015 vom 17. Juni 2015

Hauff, M. v./Jörg, A.: Nachhaltiges Wachstum, München 2013

Hauff, V. (Hrsg.): Unsere gemeinsame Zukunft. Der Brundtland-Bericht, Greven 1987

http://synonyme.woxikon.de/synonyme/nachhaltig.php (abgerufen am 02.11.2016)

Jackson, T.: Prosperity without Growth, London, Sterling (VA) 2009

Jörissen, J./Kopfmüller, J./Brandl, V./Paetau, M.: Ein integratives Konzept nachhaltiger Entwicklung, Karlsruhe 1999

Krelle, W./Gabisch, G.: Wachstumstheorie, Berlin u.a. 1972

Leibenstein, H.: Inflation, income distribution and X-efficiency theory, London 1980

Marx, K.: Das Kapital. Kritik der politischen Oekonomie, 1. Bd., 40. Aufl., Berlin 2013, 2. Bd. 33. Aufl., Berlin 2012, 3. Bd., 34. Aufl., Berlin 2012 (Hamburg 1867[1])

Meadows, D./Meadows, D./Zahn, E./Milling, P.: Die Grenzen des Wachstums. Bericht des Club of Rome zur Lage der Menschheit, 17. Aufl., Stuttgart 2000 (1972[1])

Meadows, D./Randers, J./Meadows, D.: Limits to Growth: The 30-year update, White River Junction, VT 2004

Mises, L.v.: Die Gemeinwirtschft – Untersuchungen über den Sozialismus, Jena 1922

Nell-Breuning, O.v.: Die soziale Enzyklika, Köln 1932

Nell-Breuning, O.v.: Soziallehre der Kirche, Wien 1977

Ossadnik, W.: Planung und Entscheidung, in: Corsten, H./Reiß, M. (Hrsg.): Betriebswirtschaftslehre, München, Wien 1994, S. 141 – 232

Ostrom, E.: Governing the commons: The evolution of institutions for collective action, Cambridge u.a. 1990 (deutsch: Die Verfassung der Allmende: Jenseits von Staat und Markt, Tübingen 1999 (Dritter Nachdruck 2013))

Pufé, I.: Nachhaltigkeit, 2. Aufl., Konstanz, München 2014

Thiemeyer, T.: Gemeinwirtschaftlichkeit als Ordnungsprinzip: Grundlegung einer Theorie gemeinnütziger Unternehmen, Berlin 1970

Weisman, A.: Gaviotas: Ein Dorf erfindet die Nachhaltigkeit, München, Zürich 2013

Wicke, L.: Umweltökonomie, 3. Aufl., München 1991

Witte, H.: Die nachhaltige Marktwirtschaft. Wohlstand ohne *self-made* Krisen? Berlin 2013

Witte, H.: La economía de mercado sustentable. Bienestar sin crisis autogeneradas? Bahia Blanca 2016

Witte, H.: Sustainable Market Economy. Welfare without self-made crises? Zürich 2015

## 2.2 Nachhaltigkeit in Bilanz und GuV – über Gewinn und gesellschaftliche Verantwortung (Gunther Meeh-Bunse[1])

### 2.2.1 Der Gewinn – das unbekannte Wesen

Um Gewinn mit gesellschaftlicher Verantwortung nützlich in Beziehung zu bringen, bietet es sich zunächst an, Gewinn näher zu betrachten. Bevor Forderungen nach bestimmten Gewinngrößen bzw. –ausprägungen überhaupt nachgekommen werden kann, ist zunächst Klarheit im Vorstellungsinhalt zu schaffen. So fordert z.B. Witte, dass für ein nachhaltiges Wirtschaften der Gewinn von Unternehmen immer „Null" sein soll.[2] Allein zur formalen Umsetzung dieser Forderung bedarf es wesentlicher Überlegungen und Festlegungen. Zunächst ist zu bemerken, dass es den ‚richtigen' Gewinn nicht gibt. Der Gewinn kann grundsätzlich auf zwei Arten ermittelt werden. Zum einen unter Verwendung von sogenannten Erfolgsgrößen: In einem einfachen Schema berechnet sich der Gewinn dann auf folgende Weise:

|     | Umsatz |
| --- | --- |
| ./. | Kosten |
|     | Gewinn |

Tabelle 1: Vereinfachte Gewinnermittlung mit Erfolgsgrößen

Neben der Verwendung von Erfolgsgrößen kann zum anderen gleichermaßen auf sogenannte Bestandsgrößen zurückgegriffen werden. Hier wird Vermögen bzw. dessen Veränderung gegenübergestellt.[3]

|     | Betriebsvermögen am Schluss des Wirtschaftsjahres |
| --- | --- |
| ./. | Betriebsvermögen am Schluss des vorangegangenen Wirtschaftsjahres |
| +   | Wert der Entnahmen |
| ./. | Wert der Einlagen |
|     | Gewinn |

Tabelle 2: Vereinfachte Gewinnermittlung mit Bestandsgrößen

---

[1] Dr. Gunther Meeh-Bunse, Professor für Allgemeine Betriebswirtschaftslehre, Finanzwirtschaft, betriebliches Rechnungswesen, Hochschule Osnabrück (University of Applied Sciences), Campus Lingen, Institut für Management und Technik, Lingen/Germany
[2] Witte, H.: Was ist Nachhaltigkeit? in diesem Band
[3] Vgl. § 4 EStG

Im Ideal sind die beiden Gewinngrößen gleich groß, da unabhängig von der Berechnungsmethode Erfolgs- oder Bestandgrößen.

Die Größen Umsatz und Kosten bzw. Betriebsvermögen aus denen sich der Gewinn ergibt, richten sich dabei insb. nach dem jeweiligen Regelwerk, dem Rechnungszweck, Vorgaben und Schätzungen der Ersteller. Bekannte Regelwerke sind z.b. die International Financial Reporting Standards (IFRS)[4], das Handelsgesetzbuch (HGB)[5], oder das Steuerrecht, stellvertretend das Einkommensteuergesetz (EStG). Die unterschiedlichen Größen ergeben sich zunächst daraus, ob ein bestimmter Sachverhalt überhaupt berücksichtigt wird (hier spricht man von dem Ansatz) und zum anderen der zu wählenden Höhe (hier spricht man von der Bewertung).

Darüber hinaus ist zu unterscheiden, ob es sich bei dem Gewinn um den Gewinn eines einzelnen Unternehmens handelt, der sich aus dem sogenannten Einzel-(Jahres-)Abschluss ergibt oder um einen Konzerngewinn, der sich aus dem Konzern-(Jahres-)Abschluss ergibt. In einem Konzernabschluss sind mehrere rechtliche selbständige Unternehmen rechnerisch zu einer wirtschaftlichen Einheit zusammengefasst. Unter Verwendung eines modernen Wortes könnte anstatt eines Konzerns von einem virtuellen Unternehmen sprechen. Ebenfalls häufig spricht man von einer Unternehmensgruppe. Ein Konzern zeichnet sich insb. dadurch aus, dass ein Mutterunternehmen beherrschenden Einfluss auf ein oder mehrere Tochterunternehmen ausüben kann.[6] Die nachfolgenden Abbildungen zeigen Ausschnitte aus dem Konzern-(Jahres-) Abschluss der Volkswagen AG und dem Einzel-(Jahres-)Abschluss der Volkswagen AG. Die Zahlen berichtet die Volkswagen AG auf vorderer Stelle in ihrem Geschäftsbericht.[7] Während der Konzern-(Jahres-)Abschluss nach dem Regelwerk IFRS berichtet wird, wird der Einzel-(Jahres-)Abschluss nach dem Regelwerk HGB berichtet.

| VOLKSWAGEN KONZERN | | |
|---|---|---|
| Finanzdaten nach IFRS in Mio. € | 2015 | 2014 |
| Umsatzerlöse | 213.292 | 202.458 |
| Operatives Ergebnis vor Sondereinflüssen | 12.824 | 12.697 |
| in % vom Umsatz | 6,0 | 6,3 |
| Sondereinflüsse | 16.893 | – |
| Operatives Ergebnis | –4.069 | 12.697 |
| in % vom Umsatz | –1,9 | 6,3 |
| Ergebnis vor Steuern | –1.301 | 14.794 |
| Ergebnis nach Steuern | –1.361 | 11.068 |

Abbildung 1: Auszug aus dem Konzern-(Jahres-)Abschluss der Volkswagen AG für 2015

---

[4] www.ifrs.org
[5] Vgl. §§ 238 ff. HGB
[6] Vgl. § 290 I HGB
[7] Vgl. (Volkswagen AG, 2015), S. 3

| VOLKSWAGEN AG | | |
|---|---|---|
| Finanzdaten nach HGB in Mio. € | 2015 | 2014 |
| Umsatzerlöse | 73.510 | 68.971 |
| Jahresfehlbetrag/-überschuss | -5.515 | 2.476 |

Abbildung 2: Auszug aus dem Einzel-(Jahres-)Abschluss der Volkswagen AG für 2015

Darüber hinaus sind u.E. insb. zwei Sachverhalte bemerkenswert. Erstens sind die Bezeichnungen für Gewinn unterschiedlich: Als Position wird „Ergebnis nach Steuern" im Konzern-(Jahres-)Abschluss angegeben und „Jahresfehlbetrag/-überschuss" im Einzel-(Jahres-)Abschluss. Zweitens weichen die (negativen) Gewinne von Einzel-(Jahres-)Abschluss und Konzern-(Jahres-)Abschluss erheblich voneinander ab. Der (negative) Gewinn im Einzel-(Jahres-)Abschluss ist um ca. das Vierfache höher als der (negative) Gewinn im Konzern-(Jahres-) Abschluss. In Geldeinheiten ausgedrückt, bedeutet dies einen Unterschied von über vier Milliarden Euro.

Die Frage, ob der Gewinn nützlich berechnet wurde, hängt insb. von dem o.g. Rechnungszweck ab. So ist Gewinn zunächst eine Information.[8] Die Nützlichkeit einer Information hängt mit davon ab, für welche Empfänger die Information primär gedacht bzw. erarbeitet ist und inwieweit die Information den Interessen der Empfänger entgegen kommt. Typische Empfänger der Information Gewinn können z.B. Fremdkapitalgeber (wie Banken oder Lieferanten durch ihre Forderungen aus Lieferung und Leistung), die Unternehmensleitung oder Unternehmenseigner (z.B. Aktionäre) sein. Formal ist der Aktionär an der Einzelgesellschaft beteiligt, als primäres Informationsinstrument dient jedoch i.d.R. nicht der Einzel-(Jahres-)Abschluss, sondern der Konzern-(Jahres-) Abschluss. Gleichzeitig hängt die Nützlichkeit einer Information auch vom Nutzen für den Sender der Information ab. Der Sender, hier das Unternehmen, welches den Gewinn berichtet, möchte beim Informationsempfänger möglicherweise ein bestimmtes Verhalten erreichen und/oder einen bestimmten Eindruck hinterlassen. In der Kommunikation herausgestellt wird möglicherweise die Information, die für den Sender am vorteilhaftesten erscheint.[9] Letzten Endes ist in einem Konzern der Einzelabschluss leichter zu beeinflussen, als der Konzernabschluss. So liefert z.B. ein rechtlich selbständiges Motorenwerk innerhalb des Konzerns Motoren an eine rechtliche selbständige Fahrzeugmontage. In den Einzelabschlüssen kann in gewissem Rahmen gesteuert werden, wo, also bei welchem Konzernunternehmen, der meiste Gewinn aus der Entwicklung, der Herstellung

---

[8] Vgl. Arbeitskreis Externe Unternehmensrechnung der Schmalenbach-Gesellschaft für Betriebswirtschaft e.V. (Hrsg.) Nichtfinanzielle Leistungsindikatoren – Bedeutung für die Finanzberichterstattung, S. 236
[9] Vgl. Küting, Karlheinz: Bilanzpolitik, in: Saarbrücker Handbuch der betriebswirtschaftlichen Beratung, 4. Aufl., hrsg. von Karlheinz Küting, Berlin/Herne 2008

und dem Verkauf des im Fahrzeug verbauten Motors anfallen soll. Im Konzernabschluss ist dies schwieriger, da alle internen Transaktionen buchhalterisch rückgängig gemacht werden. Der Fachbegriff hierfür ist konsolidieren.

### 2.2.2 Der Gewinn – das autonome Wesen

Während bei der Gewinngröße im vorangehenden Abschnitt berechtigt der Eindruck entstehen kann, dass Gewinn vom Unternehmen gesteuert, d.h. bei gleichen Geschäftsvorfällen unterschiedlich hoch berichtet werden kann, gibt es auch Sachverhalte, die den Gewinn zumindest mit weniger Steuermöglichkeit von Unternehmensseite beeinflussen.
Stellvertretend kann die Konzernergebnisrechnung der Leifheit AG gezeigt werden.[10] Die dort genannten Einheiten sind in TEUR.

| Periodenergebnis | 1.775 |
|---|---|
| Beiträge, die nicht in künftigen Perioden in die Gewinn- und Verlustrechnung umgegliedert werden | |
| Versicherungsmathematische Gewinne/Verluste aus leistungsorientierten Pensionsplänen | 10.958 |
| Ertragsteuereffekt | -3.056 |
| Beiträge, die gegebenenfalls in künftigen Perioden in die Gewinn- und Verlustrechnung umgegliedert werden | |
| Währungsumrechnung ausländischer Geschäftsbetriebe | -6 |
| Währungsumrechnung von Nettoinvestitionen in ausländische Geschäftsbetriebe | 126 |
| Nettoergebnis aus der Absicherung von Cashflows | -3.308 |
| Ertragsteuereffekt | 874 |
| Sonstiges Ergebnis | 5.588 |
| Gesamtergebnis nach Steuern | 7.363 |

Abbildung 3: Auszug aus dem Konzern-(Jahres-)Abschluss der Leifheit AG für Q2 2015

Der sich zunächst möglicherweise als akademisch anmutende Hinweis auf die Dimension TEUR ist für die Aufstellung eines (Konzern-)Jahresabschlusses von erheblicher Bedeutung. Denn alle Positionen die originär, z.B. bei einem ausländischen Tochterunternehmen, in einer anderen Währung als in der Berichtswährung bilanziert werden, sind im Rahmen der Jahresabschlusserstellung in die Berichtswährung umzurechnen.[11] Ergeben sich vom letzten Jahresabschlussstichtag zum aktuellen Jahresabschlussstichtag Unterschiede in den Wechselkursen können sich diese Unterschiede im Gesamtergebnis niederschlagen. Da ein Unter-

---

[10] Vgl. Leifheit AG (Hrsg.): Q2 2015, http://ir.leifheit-group.com/websites/leifheit
[11] Vgl. z.B. IAS 21 sowie § 256a HGB i.V.m. § 308a HGB

nehmen für gewöhnlich keinen Einfluss auf Wechselkurse hat, kann an dieser Stelle von einer autonomen Einwirkung auf das Ergebnis aufgrund von Bilanzierungsvorschriften gesprochen werden. Aus Abbildung 3 gehen unmittelbar zwei kleinere Positionen in Zusammenhang mit Währungsumrechnungen hervor. Hinter der größeren Position „Nettoergebnis aus der Absicherung von Cashflows" stehen gleichfalls (mit) Währungseinflüssen.

Ähnliches wie für Währungen, die einen autonomen Einfluss auf die Bilanzierung nehmen, gilt für das allgemeine Zinsniveau. So sind z.b. vermutete und tatsächliche zukünftige Zahlungen, welche erst langfristig fällig werden, abzuzinsen. Eine typische Position hierfür sind Pensionsrückstellungen, die für deutsche Unternehmen wesentlich sind.[12] Ändert sich also das Zinsniveau für die Bewertung ändert sich auch der Wert der entsprechenden Position. So legt z.B. für die Rechnungslegung nach HGB die deutsche Bundesbank monatlich die zu verwendenden Zinsen fest.[13] In Abbildung 3 sind Auswirkungen von Veränderungen der Bilanzposition Pensionsrückstellungen zu sehen. Neben anderen Einflussgrößen, wie Einkommens- und Gehaltstrends, spielen Veränderungen im Zinsniveau eine wichtige Rolle. Auch hier haben Unternehmen für gewöhnlich keinen Einfluss auf das Zinsniveau.

Somit lässt sich zusammenfassen, dass die Entwicklung des im Jahresabschluss ausgewiesenen Ergebnisses bzw. Gewinns nicht ausschließlich von originären Geschäftsvorfällen im Unternehmen bzw. von Marktbedingungen auf Märkten auf dem ein Unternehmen aktiv ist, abhängt. Ausschlaggebend sind auch allgemeine Marktentwicklungen, die auf den ersten Blick das Unternehmen und dessen Ergebnis unmittelbar nicht betreffen.

### 2.2.3 Analyse der finanziellen Einflussgrößen auf den Gewinn

Wie gezeigt wurde, wirken auf den Gewinn viele unterschiedliche Einflüsse. Um den Gewinn bzw. dessen Veränderung zu analysieren, wird der Gewinn in sogenannte finanzielle Leistungsindikatoren aufgeteilt, die in ein Kennzahlensystem eingeordnet werden. Bei dem obersten Indikator handelt es ich häufig um eine Rentabilität. Das wohl bekannteste und älteste Kennzahlensystem ist das Du-Pont-Kennzahlensystem. Für kleine und mittelständische Unternehmen wird häufig eine etwas einfachere und übersichtlicher Version als ein Kennzahlensystem gewählt. Hier dient häufig die Betriebswirtschaftliche Auswertung (BWA) der Datev eG als Analyseinstrument. Zentrale Größen sind hier z.B. der Rohgewinn, das Betriebsergebnis oder das vorläufige Gesamtergebnis.

---

[12] Vgl. z.B. Sigmund, T./Metzger, S.: Mittelständler ächzt unter Niedrigzinsen, in: Handelsblatt vom 4. 4.2013, S. 6 f.
[13] Vgl. § 253 II HGB

60  Nachhaltigkeit in Bilanz und GuV – über Gewinn und gesellschaftliche Verantwortung

Ein entsprechendes Beispiel zeigt Abbildung 4.

Abbildung 4: Betriebswirtschaftliche Auswertung nach Datev eG

### 2.2.4 Nichtfinanzielle Leistungsindikatoren und nichtfinanzielle Berichterstattung

Es wurde gezeigt, dass versucht wird, Unternehmen mit finanziellen Einflussgrößen bzw. finanziellen Leistungsindikatoren zu analysieren, zu planen und zu steuern. Mit der Zeit kamen jedoch Zweifel auf, ob dieser Ansatz nicht zu kurz kommt. Es ist mittlerweile nachgewiesen, dass nichtfinanzielle Leistungsindikatoren „zu einer genaueren Prognose der finanziellen Performance" beitragen.[14] Solche nichtfinanziellen Leistungsindikatoren sind z.B. die Marktdurchdringung oder die Kundenzufriedenheit. Nachfolgend konzentrieren wir uns auf die sogenannten nachhaltigen Leistungsindikatoren als Teil der nichtfinanziellen Leistungsindikatoren. Nachhaltigkeit, steht entsprechend den bereits genannten Ausführungen[15] für die Konflikte zwischen Ökonomie, Ökologie, Soziales. Dabei gilt „Ökologie nach wie vor häufig die schwächste Hausmacht"[16] in dieser Drei-

---
[14] Arbeitskreis Externe Unternehmensrechnung der Schmalenbach-Gesellschaft für Betriebswirtschaft e.V. (Hrsg.): Nichtfinanzielle Leistungsindikatoren – Bedeutung für die Finanzberichterstattung, in: zfbf 67, Mai 2015, S. 242
[15] Vgl. Witte, H.: Was ist Nachhaltigkeit? in diesem Band
[16] Vorsitzender Nachhaltigkeitsrat, zitiert in: Grimm, Fred: Was ist Nachhaltigkeit, in: mobil 11/2015, S. 19

erkonstellation. Allerdings sind m.E. Veränderungen in der Kräftekonstellation zu Gunsten der Ökologie zu erkennen. Soll Gewinn mit gesellschaftlicher Verantwortung in Beziehung gebracht werden, sind nichtfinanzielle Leistungsindikatoren fast schon zwangsläufig in Betracht zu ziehen.

Es gibt zahlreiche Initiativen, um die Nachhaltigkeitsberichterstattung durch die Ausgestaltung von Rahmenwerken und Leitlinien einträglich zu machen bzw. zu lenken.

Nachhaltigkeitskodex (bisher Deutscher Nachhaltigkeitskodex): Für Unternehmen jeglicher Rechtsform und Größe ein Rahmen zur Berichterstattung über das Nachhaltigkeitsmanagement. Die Anwendung des Kodex ist freiwillig.

UN Global Compact: Die Mitglieder verpflichten sich, ihre Geschäftstätigkeit an anerkannten Prinzipien beispielsweise hinsichtlich Menschenrechten und Umweltschutz auszurichten und jährlich darüber zu berichten. Eine Mitgliedschaft ist freiwillig.

SASB (Sustainability Accounting Standards Board; eine Initiative aus den USA)/IIRC (International Integrated Reporting Committee): Beide Initiativen stellen Leitlinien für eine zukunftsorientierte Betrachtung ökonomischer, ökologischer und sozialer Einflussfaktoren bereit. Diese Werke sollen Unternehmen als Orientierung dienen.

GRI (Global Reporting Initiative): Die GRI-Leitlinien sind die international am weitesten verbreiteten Richtlinien für eine Nachhaltigkeitsberichterstattung. Sie enthalten Grundsätze und Indikatoren, um ökonomische, ökologische und soziale Leistungen eines Unternehmens transparent darzustellen. Die Anwendung ist freiwillig.

Ungeachtet der formalen Freiwilligkeit der einzelnen Rahmenwerke und Leitlinien schreibt die Gesetzgebung eine nichtfinanzielle Berichterstattung für bestimmte Unternehmen vor.

Der vom DRSC (Deutsches Rechnungslegungs Standards Committee e.V.) erarbeitete Standard DRS 20 regelt die Konzernlageberichterstattung. Dort wird bereits seit 2013 verlangt, dass im Lagebericht wesentliche steuerungsrelevante Leistungsindikatoren in die Analyse des Geschäftsverlaufs mit einbezogen und auch offengelegt werden müssen. Der DRS 20 wurde am 22. September 2017 durch den DRÄS 8 (Deutscher Rechnungslegungs Änderungsstandard 8) geändert,[17] um dem CSR-Richtlinie-Umsetzungsgesetz gerecht zu werden.

Jüngst macht sich die Gesetzgebung diese formal freiwilligen Leitlinien zu nutze.

---

[17] Vgl. DRSC (Hrsg.): DRSC verabschiedet DRÄS 8, in: https://www.drsc.de/news/drsc-verabschiedet-draes-8/ (27.10.2017)

Das CSR-Richtlinie-Umsetzungsgesetz setzt in Deutschland die EU Richtlinie zur Offenlegung nichtfinanzieller und die Diversität betreffender Informationen um.[18] Das Gesetz sieht u.a. vor, dass Unternehmen, die im öffentlichen Interesse stehen und mehr als 500 Mitarbeiter beschäftigen ab dem Geschäftsjahr 2017 über ihre ökologischen und sozialen Aktivitäten berichten müssen. Sowohl EU Richtlinie als auch das zugehörige CSR-Umsetzungsgesetz legen die Verwendung einschlägig anerkannter Rahmenwerke und Leitlinien nahe, um der nichtfinanziellen Berichtspflicht nachzukommen.

Die formal freiwilligen Rahmenwerke und Leitlinien werden somit vom Gesetzgeber als Instrument herangezogen, damit die betroffenen Unternehmen seine Vorgaben umsetzen können. Somit ist die freiwillige Anwendung unmittelbar weiterhin gegeben, nichtfinanzielle berichtspflichtige Unternehmen werden sich voraussichtlich jedoch den Rahmenwerken und Leitlinien bedienen. Damit stehen ihnen Formate zur Verfügung, die die berichtspflichtigen Unternehmen dabei unterstützt, ihren Berichtspflichten einträglich nachzukommen: So wurde z.B. der Nachhaltigkeitskodex überarbeitet, um EU-Richtlinien-konform zu sein.[19]

Vordergründig könnte der Eindruck entstehen, dass vornehmlich größere Unternehmen von der gesetzlichen Pflicht zur nichtfinanziellen Berichterstattung betroffen sind. In einer unmittelbaren Betrachtung trifft dieser Eindruck zu. Nichtfinanzielle Berichte, die unmittelbar berichtspflichte Unternehmen in einer engen Sichtweise erstellen, werden allerdings weniger Mehrwert für das berichtende Unternehmen selbst und seine Berichtsadressaten generieren. Eine enge Sichtweise wäre eine isolierte Berichterstattung über die Verhältnisse in berichtenden Unternehmen selbst. Es bietet sich an, für eine nützliche nichtfinanzielle Berichterstattung Lieferketten mit einzubeziehen. Lieferantenketten und -beziehungen spielen mittlerweile eine wichtige Rolle in der Wertschöpfung. Die Lieferantenauswahl wird gar als „strategisches Entscheidungsproblem" bezeichnet.[20]

Kleine und mittlere Unternehmen sind typischer Weise Zulieferer für größere Unternehmen. Kleine und mittlere Unternehmen sind von der nichtfinanziellen Berichtspflicht auf zweierlei Weise mittelbar betroffen. Zum einen werden deren Kunden im Rahmen deren Beschaffungsmarketings vermehrt Ausprägungen nichtfinanzielle Aspekte in ihre Entscheidungen einbeziehen. Zum anderen wer-

---

[18] Vgl. z.B. Meeh-Bunse, G. et al.: Aktuelle Anforderungen zum Inkrafttreten der CSR-Richtlinie in Deutschland – Die nichtfinanzielle Erklärung ist ab 2017 Pflicht, in: DSTR 20/2017, S. 1127 f.
[19] Vgl. Rat für nachhaltige Entwicklung (Hrsg.): Mit dem DNK die CSR-Berichtspflicht erfüllen, in: http://www.deutscher-nachhaltigkeitskodex.de/de/aktuelles/aktuelles/nachricht/artikel/mit-dem-dnk-die-csr-berichtspflicht-erfuellen.html (27.10.2017)
[20] Wöhe, G.: Einführung in die Allgemeine Betriebswirtschaftslehre, 26. Aufl., München 2016, S. 325

den diese Kunden darauf achten, dass ihre Zulieferer neben den Sachgütern und Dienstleistungen auch zugehörige nichtfinanzielle Daten bereitstellen können. Je mehr Stufen in der Lieferkette berichtet werden, umso aussagekräftiger kann eine nichtfinanzielle Berichterstattung sein. Aktuell kann davon ausgegangen werden, dass der Einbezug einer Stufe in der Lieferkette formal ausreichend ist.[21] Dagegen und als Vorreiter ist es der Puma SE gelungen, die gesamte Lieferkette in die Berichterstattung mit einzubeziehen, auch wenn dazu naturgemäß Schätzungen notwendig waren.[22] Unabhängig ob sich das formale Minimum in der Lieferkette oder die Gesamtbetrachtung durchsetzt, bedeutet dies, dass bei Zulieferern nichtfinanzielle Daten abgefragt und über kurz oder lang von diesen bereitgestellt werden müssen. Insofern ist die Frage der mittelbaren oder unmittelbaren Berichtspflicht eher zweitrangig.

Somit gilt es m.E. auch für kleine Unternehmen mit der nichtfinanziellen Berichterstattung bzw. Datenerhebung zu starten. Der Nachhaltigkeitskodex bietet dazu m.e. eine einträgliche Möglichkeit.

## 2.2.5 Fazit: Finanzielles Rechnungssystem als Basis für die nichtfinanzielle Berichterstattung

Die Erhebung nachhaltiger oder auch nichtfinanzieller Daten kann in Unternehmen relativ einfach und günstig auf den Weg gebracht werden. Unternehmen haben mit ihrer finanziellen Buchführung, aus der der traditionelle Gewinn ermittelt wird, bereits ein passendes System im Einsatz.

So können mit den bestehenden Buchführungssystemen z.B. Energie- und sonstige Verbräuche mit der gewöhnlichen Buchung gleich miterfasst werden. Gemeinhin werden von Versorgungsunternehmen auf der Rechnung die Verbräuche mit bereitgestellt: Die Rechnung geht im Unternehmen ein und wird von der Finanzbuchhaltung nunmehr mit Zusatzinformationen verbucht. Entsprechende Datenfelder stellen einschlägige Programme zur Verfügung.[23] An diese Verbräuche gekoppelt, können Emissionen errechnet werden.

Außerdem sollte in der Buchhaltung des Unternehmens ausreichend differenziert werden: Unternehmen sollten Bilanzpositionen weiter aufgliedern. Bei den Technischen Anlagen und Roh- Hilfs- und Betriebsstoffen könnten z.B. Technische Anlagen für Umweltschutz bzw. umweltfreundliche Rohstoffe gesondert abgebildet werden. Abschreibungen auf Technische Anlagen für Umweltschutz

---

[21] Vgl. Deutscher Bundestag (Hrsg.): Nachhaltigkeitsbilanzen von Unternehmen im Detail strittig, in: https://www.bundestag.de/dokumente/textarchiv/2016/kw45-pa-recht-unternehmen/ 477174 (27.10.2017)

[22] Vgl. Puma SE (Hrsg.): Environmental Profit and Loss Account for the year ended 2010, S. 7 (27.10.2017)

[23] Vgl. z.B. Datev eG: Datev Kanzlei-Rechnungswesen pro – Grundlagen der DATEV-Finanzbuchführung, in: http://download.datev.de/dialogseminare/begleitunterlagen/Begleitunterlage_77700_1_0.pdf, S. 32

können gleichlaufend als nachhaltig erfasst werden. Weiter denkbar wäre z.B. Verbindlichkeiten gegenüber Kreditinstituten bei nachhaltigem Investitions- und Finanzierungshintergrund als solche zu bezeichnen. Zur systemtechnischen Umsetzung in Buchführungsprogrammen können z.B. Standardkontenpläne weiter differenziert oder Standardkonten umbenannt werden. Entsprechende Funktionen in den Systemen sind vorgesehen.[24]

Es zeigt sich, dass sowohl die nichtfinanzielle als auch die finanzielle Berichterstattung nicht unabhängig voneinander gesehen werden sollten. Unternehmen, unabhängig davon, ob sie mittelbar oder unmittelbar Berichtspflicht sind, sollten die bestehende finanzielle Berichterstattung in Kombination mit einschlägigen nichtfinanziellen Berichtsformaten nutzen, um eine nichtfinanzielle Berichterstattung auf den Weg zu bringen. Berichtsempfänger sollten sich bewusst sein, dass in den berichteten Zahlen und Sachverhalten zwangsläufig Ermessensspielräume und Bewertungen enthalten sind. Dies gilt sowohl für die finanzielle als auch für die nichtfinanzielle Berichterstattung.

---

[24] Vgl. ders., S. 27

## 2.3 Ist der Euro sicher? (Hermann Witte[1])

Laut Medienberichten machen sich die Bürger aufgrund der vielen akuten Krisen zunehmend Sorgen um die Sicherheit ihres Geldes, den Euro. Es sind Sorgen, die die Bürger in diesem Maße von der alten Währung, der Deutschen Mark (DM), nicht gewohnt sind. Das sorglose Leben nach einem im Volksmund benannten Spruch, der Strom kommt aus der Steckdose, das Geld kommt von der Bank, ist derzeit nicht gegeben.

Es soll daher hier der Frage nachgegangen werden, ob der Euro eine sichere Währung ist. Im Prinzip gibt es drei Antworten auf diese Frage. Ein blauäugiger Bürger beantwortet die Frage mit ja, der Euro ist eine sichere Währung. Der kritische Bürger sagt nein, der Euro ist keine sichere Währung. Demgegenüber meint der kritisch-konstruktive Bürger, jein, der Euro ist eine sichere Währung, wenn bestimmte Bedingungen erfüllt sind.

Die dritte Antwort liegt diesem Beitrag zugrunde.[2] Es ist daher zu prüfen, wie sicher der Euro derzeit ist und unter welchen Bedingungen der Euro eine sichere Währung sein könnte.

Um die Frage nach der Sicherheit des Euros zu beantworten, ist zunächst auf die Rahmenbedingungen eines Geldsystems, die Funktionen des Geldes, die Kriterien für die Sicherheit einer Währung (die Stabilität des Euros, die Neutralität des Euros und die Fälschungssicherheit des Euros) einzugehen. Dann ist anhand der Daten aus der offiziellen Statistik die derzeitige Sicherheit des Euros zu berechnen. Schließlich sind Maßnahmen zur Steigerung der Sicherheit des Euros zu erörtern.

Bevor versucht wird, die Frage nach der Sicherheit des Euros zu beantworten, sollen noch einige Weisheiten des Volksmunds über Geld erwähnt werden. Zunächst ist festzustellen, dass der Euro Geld ist. In dieser Hinsicht besteht kein Unterschied zur alten D-Mark. Krisen kann es unter dem Regime beider Währungen geben. Für die Erklärung der Krisen gibt es zwei einleuchtende Begründungen: Die Liebe zum Geld führt zum Übel (Die Bibel, 1. Timotheus 6, 10)! Geld kann man nicht essen (Spruch der Cree-Indianer mit dem in der Umweltpolitik argumentiert wird)!

Die erste Begründung ist nicht weiter zu kommentieren. Es ist eine langjährige Erfahrung, die bereits in der Bibel dokumentiert wird. Die zweite Begründung muss hingegen kommentiert werden, um Missverständnisse zu vermeiden. Geld soll auch nicht gegessen werden. Geld ist ein zusätzliches Gut, das nur für den

---

[1] Dr. Hermann Witte, Professor für Allgemeine Betriebswirtschaftslehre, Logistik und Umweltökonomie, Hochschule Osnabrück (University of Applied Sciences), Campus Lingen, Institut für Management und Technik, Lingen/Germany
[2] Vgl. zum Folgenden Witte, H.: Ist der Euro sicher? Ansatz einer neuen Geld- und Währungstheorie, Berlin 2015; Witte, H.: Is the Euro Secure? Approach to a New Monetary Theory, Zürich 2016

Tausch anderer Güter erfunden wurde. Allerdings kann man mit Geld essbare und nicht essbare Güter kaufen. Auch diesbezüglich besteht zwischen dem Euro und der alten D-Mark kein Unterschied.

### 2.3.1 Die Rahmenbedingungen für ein Geldsystem

Die Rahmenbedingungen für ein Geldsystem in einem marktwirtschaftlichen Wirtschaftssystem sind in Abb. 1 und 2 veranschaulicht. In Abb. 1 ist zunächst die Grundstruktur eines Geldsystems dargestellt. In der Mitte des Geldsystems, im mittleren Oval, steht die Zentralbank, die für die Geld- und Währungspolitik eines Wirtschaftssystems verantwortlich ist. Die Zentralbank ist unabhängig von der Regierung. Sie hat aber mit ihren Aktivitäten die Politik der Regierung zu unterstützen. Zwischen der Zentralbank und der Regierung gibt es eine Arbeitsteilung. Die Zentralbank ist für die Ausgabe der Banknoten zuständig. Die Zentralbank wird daher auch als Notenbank bezeichnet. Die Regierung ist für die Ausgabe des Münzgeldes verantwortlich.

Die Geld- und Währungspolitik der Zentralbank basiert auf der Geldmengensteuerung. Die Zentralbank hat so viel Geld auf den Geldmarkt zu bringen, dass alle Käufe und Verkäufe im Wirtschaftssystem durchgeführt werden können. Eine zu kleine Geldmenge behindert bzw. verhindert die Aktivitäten auf den Märkten. Die Folge ist eine Deflation. Eine zu große Geldmenge führt entsprechend zur Inflation. Die Geldmengensteuerung der Zentralbank soll sowohl Deflation als auch Inflation verhindern. Die Geldmengensteuerung wird durch die Zinssteuerung unterstützt. Sie wirkt allerdings nicht so schnell zur Beeinflussung der Wirtschaftsaktivitäten wie die Geldmengensteuerung.

Abb. 1: Die Grundstruktur einer Marktwirtschaft mit einem Geldsystem

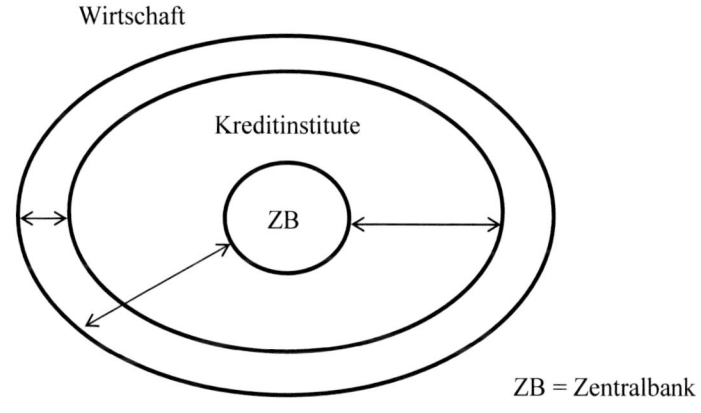

Wirtschaft

ZB = Zentralbank

Quelle: eigene Darstellung

Für die Durchsetzung ihrer geld- und währungspolitischen Maßnahmen stehen der Zentralbank die Instrumente Mindestreservepolitik, Refinanzierungspolitik, Offenmarktpolitik und Devisenpolitik zur Verfügung.

Die Zentralbank ist hinsichtlich ihrer Geld- und Währungspolitik von der Regierung unabhängig. Diese Unabhängigkeit wird allerdings durch die Gesetzgebung eingeschränkt. Die Regierung hat einen indirekten Einfluss auf das Wirtschafts- und Geldsystem. Dieser Einfluss ist in Abb. 2 dargestellt.

Abb. 2: Der Einfluss der Regierung und der Lobbyisten auf eine Wirtschaft mit einem Geldsystem

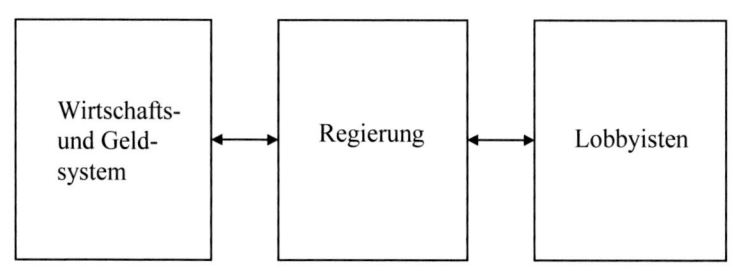

Quelle: eigene Darstellung

Die Regierung schafft durch die Gesetzgebung die Rahmenbedingungen für das Wirtschafts- und Geldsystem. Für den Bereich Geld- und Währungspolitik gestaltet die Regierung u.a. die Geldmarkt- und Bankenaufsicht, die Geldmarkt- und Bankenregulierung bzw. die Geldmarkt- und Bankenderegulierung. Bei der Gestaltung der Rahmenbedingungen werden die Regierung und die Abgeordneten im Parlament wiederum von Lobbyisten beeinflusst, die versuchen, die Interessen der von ihnen vertretenen Wirtschaftsgruppen in Gesetzen zu manifestieren.

An der beschriebenen Aufgabenteilung zwischen Zentralbank und Regierung und den Aufgaben der beiden Institutionen hat sich durch die Einführung des Euros und der damit erfolgten Zugehörigkeit zum Europäischen Währungssystem (EWS) im Prinzip nichts geändert. Allerdings hat sich der Einfluss der Zentralbank auf die Geld- und Währungspolitik verändert. Die Zentralbank (im Fall der Bundesrepublik Deutschland die Deutsche Bundesbank (DBB)) ist jetzt integraler Bestandteil des Europäischen Systems der Zentralbanken (ESZB) geworden (vgl. Abb. 3). Die Folge ist, dass sich die Zentralbank hinsichtlich ihrer Geld- und Währungspolitik bzw. des Einsatzes der geld- und währungspolitischen Instrumente mit den anderen Zentralbanken des Europäischen Systems der Zentralbanken abstimmen muss. Es ist jetzt eine gemeinsame Geld- und Währungspolitik durchzusetzen. Zuständig für die Durchsetzung dieser Politik ist die Europäische Zentralbank (EZB).

Abb. 3: Die Deutsche Bundesbank (DBB) als integraler Bestandteil des Europäischen Systems der Zentralbanken (ESZB)

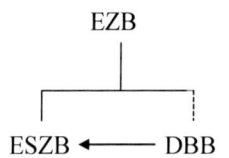

```
            EZB
             |
       ┌─────┴─────┐
      ESZB  ←───  DBB
```

Quelle: eigene Darstellung

Konsequenz der Einführung des Euros und der Beteiligung an der gemeinsamen Geld- und Währungspolitik ist, dass die einzelne Zentralbank deutlich weniger Einfluss auf die Geld- und Währungspolitik hat. Aus der Alleinbestimmung unter Beachtung der Politik der Regierung ist eine Abstimmung mit mehreren Zentralenbanken geworden. Bei dieser abgestimmten Geld- und Währungspolitik hat wiederum jede Zentralbank die Politik ihrer Regierung zu unterstützen. Kurz, die Geld- und Währungspolitik ist viel komplexer geworden. Unterschiedliche Interessenlagen der Regierungen können zu einer mit vielen Kompromissen belasteten und damit nicht optimalen Geld- und Währungspolitik führen. Dies gilt vor allem, da der Harmonisierungs- und Integrationsprozess in der Europäischen Union noch nicht vollständig abgeschlossen ist und daher notgedrungen unterschiedliche Interessenlagen der einzelnen Mitgliedstaaten bestehen. Unabhängig von diesen unterschiedlichen Interessenlagen hat Geld, hier der Euro, in allen Mitgliedstaaten die gleichen Funktionen zu erfüllen.

### 2.3.2 Die Funktionen des Geldes

In der Literatur wird Geld drei Funktionen zugeschrieben: (1) die Recheneinheitsfunktion, (2) die Tauschmittelfunktion und (3) die Wertaufbewahrungsfunktion. Geld wird folglich als Recheneinheit, Tauschmittel und Wertaufbewahrungsmedium benutzt.

Hinsichtlich dieser drei Funktionen sind die alte D-Mark und der Euro miteinander zu vergleichen, um zu zeigen, was durch die Währungsumstellung von D-Mark auf Euro passiert ist. Der Vergleich wird in den nächsten drei Abbildungen dargestellt.

Entsprechende Abbildungen lassen sich selbstverständlich auch für die Umstellung der anderen Währungen im Europäischen Währungssystem (EWS) aufstellen. Darauf wird in diesem Zusammenhang verzichtet, da die Währungsumstellung von D-Mark auf Euro für den Adressaten von entsprechender Bedeutung ist. Aussagen über die Umstellung anderer Währungen dürften in diesem Rahmen von untergeordneter Bedeutung sein.

Abb. 1: Vergleich von D-Mark und Euro hinsichtlich der Recheneinheitsfunktion

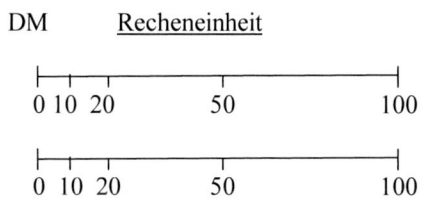

DM      Recheneinheit

```
├─┬─┬────────┬──────────────────────┤
0 10 20      50                    100
```

```
├─┬─┬────────┬──────────────────────┤
0 10 20      50                    100
```

Euro

Quelle: eigene Darstellung

Aus Abb.1 erkennt man, dass sich durch die Einführung des Euros hinsichtlich der Recheneinheitsfunktion keine Veränderungen ergeben haben. Die D-Mark und der Euro werden in 100 Geldeinheiten unterteilt. Die D-Mark wurde in 100 Pfennige unterteilt, während der Euro in 100 Euro-Cents geteilt wird. Diesbezüglich braucht der Bürger nicht umzudenken. Die Recheneinheitsfunktion des Geldes wird durch die Umstellung der Währung in der Bundesrepublik Deutschland von D-Mark auf Euro nicht beeinträchtigt.

Abb. 2: Vergleich von D-Mark und Euro hinsichtlich der Zahlungsmittelfunktion

DM        Zahlungs-/Tauschmittel

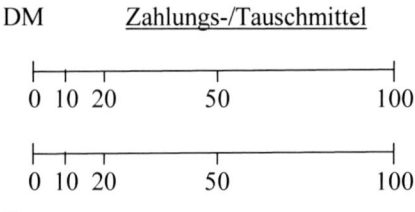

```
├──┬──┬─────────┬────────────────┤
0  10 20        50               100
```

```
├──┬──┬─────────┬────────────────┤
0  10 20        50               100
```
Euro

Quelle: eigene Darstellung

Wie Abb. 2 verdeutlicht, hat sich hinsichtlich der Zahlungsmittelfunktion, auch als Tauschmittelfunktion bezeichnet, ebenfalls keine Änderung durch die Einführung des Euros ergeben. Das Zahlungsmittel D-Mark wurde in 100 Pfennige geteilt und der Euro wird in 100 Euro-Cents unterteilt. Der Bürger muss sich beim Gebrauch des Geldes als Zahlungsmittel nach der Einführung des Euros nicht anpassen, nicht umdenken. Damit wird auch die Zahlungsfunktion des Geldes durch die Umstellung von D-Mark auf Euro nicht beeinflusst bzw. beeinträchtigt.

Abb. 3: Vergleich von D-Mark und Euro hinsichtlich der Wertaufbewahrungsfunktion

DM        Wertaufbewahrung

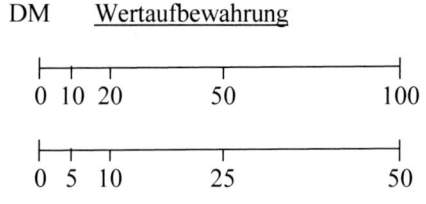

```
├──┬──┬─────────┬────────────────┤
0  10 20        50               100
```

```
├──┬──┬─────────┬────────────────┤
0  5  10        25               50
```
Euro

Quelle: eigene Darstellung

Der in Abb. 3 dargestellte Vergleich von D-Mark und Euro hinsichtlich der Wertaufbewahrungsfunktion zeigt eine merkliche Veränderung durch die neue Währung. Aufgrund des gewählten Wechselkurses zwischen der alten und der neuen Währung, der hier gerundet mit zwei D-Mark gleich einem Euro unterstellt wird, ergibt sich eine breitere Skalierung. 100 Pfennige entsprechen auf der Werteskala nur dem Wert von 50 Euro-Cents.

Da die Bürger aber noch in der alten Wertskalierung denken, geben sie die neue Währung, den Euro, so aus, als würde es sich wertmäßig um die alte Währung, die D-Mark, handeln. Diese Tatsache hat man sich bei der Preisbildung zu Nutze gemacht und viele Preise um 100 Prozent erhöht. Kleinteile die früher eine D-Mark kosteten, hatten plötzlich einen Preis von einem Euro. Damit schrumpfte der Wert der neuen Währung um 100 Prozent, die Wertaufbewahrungsfunktion wurde beeinträchtigt. Es kam im Volksmund der Begriff „Teuro" auf. Damit sollte kundgetan werden, dass mit der Einführung des Euros viele Güter teurer geworden sind und die Schuld beim Euro gesehen wurde.

Gleichzeitig wurden aber Löhne und Gehälter mit dem amtlich festgelegten Wechselkurs umgerechnet. Tatsächlich wurden für zwei D-Mark rund ein Euro ausgezahlt. Eine Erhöhung der Löhne und Gehälter entsprechend der gestiegenen Preise fand nicht statt. Damit zeigt sich der Euro nicht nur als „Teuro", sondern auch als Beschleuniger. Bei konstanten Löhnen und Gehältern, aber gestiegenen Preisen, ist der Geldbeutel der Bürger schneller leer. Sie können nicht so viel kaufen wie früher. Dieser Effekt führt allgemein schneller zu leeren Kassen und schneller zu Wirtschaftskrisen.

Es ist also festzustellen, dass der Euro ein „Teuro" und ein Beschleuniger ist. Der Beschleunigungseffekt ist nicht in allen EU-Mitgliedstaaten gleich. Die Beschleunigung hängt vom Wechselkurs zur alten Währung ab. In Tab. 1 sind drei Alternativen für den Wechselkurs zwischen alter und neuer Währung und die entsprechende beschleunigende Wirkung dargestellt.

Tab. 1: Beschleunigungseffekt des Euro in Abhängigkeit vom Wechselkurs zwischen alter und neuer Währung

| Währungsverhältnis | Beschleunigungseffekt |
|---|---|
| 1 : 1 | = keine Beschleunigung |
| 2 : 1 | = geringe Beschleunigung |
| 12 : 1 | = größere Beschleunigung |

Quelle: eigene Darstellung

Keinen Beschleunigungseffekt hat eine Währungsumstellung, wenn der Wechselkurs eins zu eins (1 : 1) beträgt. Dies ist der optimale Wechselkurs. Er hat nur einen Nachteil. Er kann bei mehreren Staaten einer Integrationsgemeinschaft, die ihre Währungen umstellen wollen, nicht angewandt werden. Dieser Wechselkurs würde für die Staaten, deren alte Währungen nicht im Verhältnis eins zu eins standen, zu Nachteilen führen. Eine geringe Beschleunigung ergibt ein Wechselkurs von zwei zu eins (2 : 1), während ein Wechselkurs von zwölf zu eins (12 : 1) bereits zu einem größeren Beschleunigungseffekt führt.

Für den Beschleunigungseffekt gibt es noch weiter Aussagen. Eine kleine Kasse ist schneller leer als eine große Kasse. Eine Kasse ist schneller leer, wenn es auf der Einnahmenseite keine Ausgleichsmöglichkeiten gibt. Mit anderen Worten, ein kleinerer Staat gerät aufgrund des Beschleunigungseffektes schneller in eine

Wirtschaftskrise als ein großer Staat. Ein Staat mit einer schwachen Wirtschaft, der weder aus dem Binnen- noch aus dem Außenhandel seine Einnahmen erhöhen kann, gerät schneller in die Krise als ein Staat, der diese Ausgleichmöglichkeit hat.

### 2.3.3 Kriterien für die Sicherheit einer Währung

Für die Sicherheit einer Währung werden in der Literatur drei Kriterien diskutiert. Diese Kriterien sind die Stabilität einer Währung, die auch als Geldwert- und Preisstabilität bezeichnet wird, die Neutralität des Geldes und die Fälschungssicherheit des Geldes. Die drei Kriterien sind im Folgenden näher zu erläutern.

### 2.3.3.1 Die Stabilität des Geldes

Die Stabilität einer Währung bzw. die Geldwertstabilität wird nicht nur für die Geld- und Währungspolitik im Bundesbankgesetz[3] und im Vertrag zur Gründung der Europäischen Union[4] gefordert, sondern auch im Gesetz zur Förderung der Stabilität und des Wachstums für die allgemeine Wirtschaftspolitik.[5] Die Forderung nach Stabilität einer Währung, des Geldwertes bzw. der Preise, bedeutet, dass die Geld- und Währungspolitik und die allgemeine Wirtschaftspolitik Maßnahmen zur Verhinderung von Deflation und Inflation treffen müssen. Deflation liegt vor, wenn die Preise sinken, während eine Inflation sich durch steigende Preise auszeichnet.

Das Instrument zur Verhinderung von Deflation und Inflation ist die Geldmengensteuerung. Bei Deflation hat die zuständige Institution, die Zentralbank, die Geldmenge zu erhöhen, weil zu wenig Geld auf dem Markt ist. Liegt hingegen eine Inflation vor, soll die Geldmenge verringert werden, weil sie zu groß ist. Diese Politik geht auf die Quantitätstheorie und die Neo-Quantitätstheorie zurück. Sie gilt in der „mainstream economics" als allgemein akzeptiertes Vorgehen.

Inwieweit eine solche Politik in der Praxis erfolgreich sein kann, ist kritisch zu hinterfragen. In der Praxis hat sich über viele Jahre gezeigt, dass Inflationstendenzen durch Geldmengensteuerung nicht total verhindert werden können. Der Grund dürfte in der Tatsache begründet sein, dass erfahrungsgemäß viele Unter-

---

[3] Vgl. Gesetz über die Deutsche Bundesbank (BbankG) vom 26.7.1957 in der Fassung vom 22.10.1992 (BGBl. I, S. 1782), § 3
[4] Vgl. Vertrag über die Europäische Union (Maastricht-Vertrag) vom 7. Februar 1992, ABl. EG Nr. C 224 vom 31. August 1992, 3. Protokoll über die Satzung des Europäischen Systems der Zentralbanken und der Europäischen Zentralbank, Art 2
[5] Vgl. Gesetz zur Förderung der Stabilität und des Wachstums der Wirtschaft (StabWG) vom 8. Juni 1967 (BGBl. I, S. 582), das zuletzt durch Artikel 135 der Verordnung vom 31. Oktober 2006 (BGBl. I, S. 2407) geändert wurde, § 1

nehmen meist zu Anfang eines neuen Jahres ihre Preise erhöhen (z.B. Versicherungen). Auch Löhne und Gehälter werden in der Regel jedes Jahr erhöht. Als Argument für Preiserhöhungen werden im Allgemeinen der Inflationsausgleich und/oder Kostenerhöhungen genannt. So lange die Praxis diese Spirale der jährlichen Preiserhöhungen nicht überwindet, wird Inflation nur zu drosseln, aber nicht total abzubauen sein.

Anders ist die Lage bei Deflation. Da die Geldmenge zu gering ist, können bei den aktuellen Preisen nicht alle Käufe und Verkäufe auf den Märkten durchgeführt werden. Es gibt zwei Lösungen: (1) die Preise werden von den Wirtschaftseinheiten gesenkt oder (2) die Zentralbank erhöht die Geldmenge. Beide Maßnahmen wirken und verhindern Deflation. Eine Spirale wie bei Inflation tritt nicht auf, da die Wirtschaftseinheiten kein Interesse daran haben, die Preise dauernd zu senken. Bei Inflation kann hingegen ein Interesse der Wirtschaftseinheiten an ständigen Preiserhöhungen unterstellt werden.

### 2.3.3.2 Die Neutralität des Geldes

Während das erste Kriterium für die Sicherheit des Geldes bzw. einer Währung, die Geldwertstabilität, in der ökonomischen Literatur als allgemein akzeptiert eingestuft werden kann, ist das zweite Kriterium, die Neutralität des Geldes, heftig umstritten. Die Konsequenz ist, dass das Kriterium in der Praxis keine Bedeutung hat. Dies zeigt sich vor allem an den aktuellen Lösungen zur Bekämpfung der Finanzkrise und der Euro-Krise. Alle bekannten Lösungsvorschläge bauen auf die Vermehrung des nicht neutralen Geldes.

Die Neutralität des Geldes ist geben, wenn es keinen Einfluss auf die Preise bzw. den Kreditmarkt hat. Diese Bedingung erfüllt nur Bargeld und unter bestimmten Annahmen Zentralbankgeld. Das Buchgeld, für das es Zinsen gibt, ist nicht neutral, da es einen Einfluss auf den Preis des Geldes, den Zinssatz, hat.

Die Idee des neutralen Geldes soll auf David Hume[6] (1752) zurückgehen. Auf die vielen kontroversen Diskussionsbeiträge[7] zu diesem Thema soll hier nicht weiter eingegangen werden. Zu erwähnen ist allerdings, dass es zwischen Geldwertstabilität und Neutralität des Geldes einen engen Zusammenhang gibt. Neutrales Geld, das preisunabhängig ist, erleichtert logischerweise die Verwirkli-

---

[6] Vgl. Hume, D.: Political Discourses, Edinburgh 1752 (reprint London 2015, S. 27 – 39, hier S. 27)

[7] Vgl. u.a. Meyer, F.W.: „Neutrales" Geld ist denkbar – aber nicht in einer „natürlichen" Geldordnung, in: Weltwirtschaftliches Archiv, Bd. 67 (1953), S. 68 – 73; Friedman, M./Schwartz, A.: Die Definition des Geldes: Nettovermögen und Neutralität als Kriterium, in: Brunner, K./Monissen, H.G./Neumann, M.J.M. (Hrsg.): Geldtheorie, Köln 1974, S. 74 – 90; Streissler, E.W.: Endogenität und Neutrales Geld in theoriegeschichtlicher Perspektive, in: Schefold, B. (hrsg. v.): Exogenität und Endogenität. Die Geldmenge in der Geschichte des ökonomischen Denkens und in der modernen Politik, Marburg 2002, S. 65 - 88

chung der Geldwertstabilität. Nicht neutrales Geld hingegen erhöht aufgrund der Preisabhängigkeit die Deflations- und die Inflationsgefahr.

Das aus der Geldmenge erwachsende Risiko zur Deflation und zur Inflation sollte nicht unterschätzt werden. Aktuell ist von der Geldmenge im Europäischen Währungssystem (EWS) nur etwa 9 Prozent neutrales Geld.[8] Folglich erhöhen 91 Prozent der Geldmenge das Deflations- und Inflationsrisiko.

#### 2.3.3.3 Die Fälschungssicherheit des Geldes

Das dritte Kriterium für die Sicherheit des Geldes bzw. einer Währung ist die Fälschungssicherheit. Die Fälschungssicherheit von Geld zu gewährleisten, ist ein technisches Problem zu dem die Ökonomie keinen Beitrag leisten kann. Da die Zentralbank und die Regierung das alleinige Recht haben, Geld zu drucken bzw. zu prägen, ist Geldfälschung ein Straftatbestand. In diesem Zusammenhang ist dieser Tatbestand allerdings nicht von Interesse.

In diesem Rahmen sind lediglich die Auswirkungen der Geldfälschung auf die Geld- und Währungspolitik von Bedeutung. Geldfälschung bedeutet, dass die Geldmenge erhöht wird. Damit wird ein unerwünschter und illegaler Beitrag zur Geld- und Währungspolitik geleistet. Die Ziele der Geldmengensteuerung, die Geldwertstabilität, die Herstellung der Neutralität des Geldes und die Fälschungssicherheit des Geldes, werden unterlaufen. Der Erfolg der Geld- und Währungspolitik wird gefährdet.

Die Europäische Kommission betont zwar, dass der Euro einen hohen Sicherheitsstandard habe. Trotz dieses hohen Sicherheitsstandards mussten bereits mehrere Euronoten einer bestimmten Stückelung durch neue sichere Noten ausgewechselt werden. Zudem sieht die Europäische Kommission die Notwendigkeit, Geldfälschung strafrechtlich gezielter zu verfolgen.[9]

Da das Fälschungsrisiko einer Währung umso größer ist, je größer ihre Bedeutung im Rahmen des Weltwährungssystems ist, sind die Maßnahmen der Europäischen Kommission zum Schutz des Euro sicherlich notwendig.

### 2.3.4 Die Analyse der Sicherheit des Euros

Für die Bestimmung der Sicherheit des Euros, sind aus der amtlichen Statistik die Werte für die Geldwertstabilität, die Neutralität sowie die Fälschungssicherheit des Euros zu ermitteln und zu einem Gesamtwert Sicherheit des Euros zusammenzufassen.

---

[8] Vgl. Witte, H.: Ist der Euro sicher? S. 157
[9] Vgl. Europäische Kommission: Vorschlag für eine Richtlinie des Europäischen Parlaments und des Rates zum strafrechtlichen Schutz des Euro und anderer Währungen gegen Geldfälschung und zur Ersetzung des Rahmenbeschlusses 2000/383/JI des Rates, COM(2013) 42 final vom 2.5.2013 (2013/0023(COD))

## 2.3.4.1 Die Stabilität des Euros

Die Stabilität des Euros kann anhand der Werte in der amtlichen Statistik für die Inflation berechnet werden. Eine Inflationsrate von 0 Prozent ist der höchste Stabilitätsgrad (100 Prozent bzw. 1), der erreicht werden kann. Entsprechend ergibt eine Inflationsrate von 100 Prozent einen Stabilitätsgrad von 0 Prozent bzw. 0.

Da die Inflationsraten in den letzten Jahren relativ niedrig waren, ergibt sich ein entsprechend hoher Stabilitätsgrad für den Euro. In Tab. 2 sind die Stabilitätsgrade des Euros von 2007 bis 2013 ausgewiesen. Die Stabilitätsgrade des Euros lassen sich für drei unterschiedliche Wirtschaftsräume darstellen: (1) die Bundesrepublik Deutschland, (2) die Europäische Union und (3) den Euroraum bzw. die Europäische Währungszone (Europäische Währungsunion, EWU).

Tab. 2: Stabilitätsgrade des Euros für die Bundesrepublik Deutschland, die EU und die EWU 2007 - 2013

| Jahr | Stabilitätsgrad des Euros für die Bundesrepublik Deutschland | Stabilitätsgrad des Euros für EU | Stabilitätsgrad des Euros für den Euroraum |
|---|---|---|---|
| 2007 | 0,977 | 0,977 | 0,979 |
| 2008 | 0,974 | 0,973 | 0,967 |
| 2009 | 0,998 | 0,99 | 0,997 |
| 2010 | 0,988 | 0,979 | 0,984 |
| 2011 | 0,975 | 0,969 | 0,973 |
| 2012 | 0,98 | 0,974 | 0,975 |
| 2013 | 0,985 | 0,985 | 0,987 |
| 2014 | - | - | - |

Quelle: Witte, H.: Ist der Euro sicher? S. 132

Für alle betrachteten Jahre und Wirtschaftsräume liegen die Werte für den Stabilitätsgrad des Euros nur knapp unter hundert Prozent bzw. 1. Der Stabilitätsgrad des Euros gemäß der amtlichen Statistik ist somit als hoch zu bezeichnen.

## 2.3.4.2 Die Neutralität des Euros

Die Neutralität des Euros lässt sich bestimmen, indem man die neutrale Geldmengen ins Verhältnis setzt zur gesamten Geldmenge. Wenn die gesamte Geldmenge neutral wäre, ergebe sich ein Neutralitätsgrad von hundert Prozent bzw.

von eins. Wäre die gesamte Geldmenge nicht neutral, so wäre der Neutralitätsgrad 0 Prozent bzw. 0.

Die Neutralitätsgrade des Euros für die Jahre 2010 bis 2014 sind für die beiden Wirtschaftsräume, die Bundesrepublik Deutschland und die Europäische Währungsunion (EWU) in Tab. 3 dargestellt.

Die Neutralitätsgrade liegen für alle betrachteten Jahre und die beiden Wirtschaftsräume unter 1 Prozent bzw. 0,1. Die Tatsache ergibt sich aus dem relativ niedrigen Anteil der Bargeldmenge an der gesamten Geldmenge. Da nur Bargeld neutral ist (s.o.) und Buchgeld nicht, ergibt sich ein geringerer Neutralitätsgrad des Euros.

Tab. 3: Neutralitätsgrade des Euros für die Bundesrepublik Deutschland und die EWU 2010 - 2014

| Jahr | Neutralitätsgrad des Euros für die Bundesrepublik Deutschland | Neutralitätsgrad des Euros für die EWU |
|---|---|---|
| 2010 | 0,096230492 | 0,08675221 |
| 2011 | 0,096185212 | 0,089928057 |
| 2012 | 0,092333304 | 0,089395499 |
| 2013 | 0,09769768 | 0,093496265 |
| 2014 | 0,094661393 | 0,095043324 |

Quelle: Witte, H.: Ist der Euro sicher? S. 134

Der geringe Neutralitätsgrad des Euros ist keine Besonderheit des Euros. Im Prinzip gilt für fast alle bekannten Währungen, dass die neutrale Bargeldmenge deutlich geringer ist als die nicht neutrale Buchgeldmenge. Ausnahmen sind nur in einfachen Geldsystemen zu finden, die kein Buchgeld kennen.

### 2.3.4.3 Die Fälschungssicherheit des Euros

Die Fälschungssicherheit des Euros kann man bestimmen, indem man die entdeckte gefälschte Geldmenge ins Verhältnis setzt zur gesamten Geldmenge. Gäbe es kein gefälschtes Geld, wäre der Euro zu hundert Prozent fälschungssicher. Der Fälschungssicherheitsgrad wäre eins. Wenn es nur gefälschtes Geld gäbe, wäre der Fälschungssicherheitsgrad des Euros null (bzw. 0 Prozent).

Die Fälschungssicherheitsgrad des Euros für die Jahre 2010 bis 2014 und die Wirtschaftsräume Bundesrepublik Deutschland sowie die Europäische Währungsunion (EWU) sind in Tab. 4 ausgewiesen. Die in Tab. 4 dargestellten Fälschungssicherheitsgrade beziehen sich nur auf Banknoten. Gefälschte Euro-Münzen sind nicht in den in der Statistik ausgewiesenen Werten enthalten.

Die Statistik kann sich konsequenterweise nur auf die entdeckte gefälschte Geldmenge an Euronoten beziehen. Hinsichtlich der tatsächlich gefälschten Euronoten liegen keine Erkenntnisse vor. Es kann auch keine sogenannte „Dunkelziffer" angegeben werden.

Die Fälschungssicherheitsgrade des Euros in Bezug auf die Euronoten liegen für den Betrachtungszeitraum und die beiden betrachteten Wirtschaftsräume nahe bei hundert Prozent bzw. eins. Der Grund für die hohen Fälschungssicherheitsgrade ist die geringe entdeckte gefälschte Geldmenge im Verhältnis zur gesamten Geldmenge.

Tab. 4: Fälschungssicherheitsgrade der Euronoten für die Bundesrepublik Deutschland und die EWU (bezogen auf Stück) 2010 – 2014

| Jahr | Fälschungssicherheitsgrad der Euronoten für die Bundesrepublik Deutschland | Fälschungssicherheitsgrad der Euronoten für die EWU |
|---|---|---|
| 2010 | 0,999986644 | 0,999938553 |
| 2011 | 0,999991997 | 0,999955206 |
| 2012 | 0,999991234 | 0,999961709 |
| 2013 | 0,999992962 | 0,999953664 |
| 2014 | 0,999988878 | 0,999905686 |

Quelle: Witte, H.: Ist der Euro sicher? S. 137

Die in Tab. 4 ausgewiesenen Werte haben keine Aussagekraft hinsichtlich der technischen Fälschungssicherheit des Euros. Es lässt sich auch kein direkter Zusammenhang zwischen technischer Fälschungssicherheit und gefälschter Geldmenge herstellen. Der Wille zur Fälschung und die Fähigkeiten zur Fälschung lassen sich statistisch nicht erfassen.

### 2.3.4.4 Die Sicherheit des Euros

Die Sicherheit des Euros berechnet sich aus den Stabilitäts-, Neutralitäts- und Fälschungssicherheitsgraden des Euros. Die entsprechenden Werte sind zu addieren und durch drei zu teilen, um wieder Werte zwischen 0 und hundert Prozent bzw. 0 und eins zu erhalten.

Die Sicherheitsgrade des Euros für die Jahre 2010 bis 2013 sind für die beiden Wirtschaftsräume Bundesrepublik Deutschland und die Europäische Währungsunion (EWU) in Tab. 5 veranschaulicht.

Die in Tab. 5 ausgewiesenen Werte verdeutlichen einen Sicherheitsgrad des Euros von rund 0,7 bzw. 70 Prozent. Diese Einschätzung der Sicherheit des Euros, die deutlich unter dem Stabilitätsgrad und dem Fälschungssicherheitsgrad liegt, ergibt sich aufgrund des geringen Neutralitätsgrades des Euros.

Die rund 70-prozentige Sicherheit des Euros ist eine Einschätzung anhand der Daten aus der amtlichen Statistik und ihrer erwähnten eingeschränkten Aussagekraft hinsichtlich der Entdeckung der gesamten gefälschten Geldmenge. Zudem handelt es sich um eine Einschätzung anhand von Daten aus der Vergangenheit. Aktuelle Daten wären mit Hilfe von Prognosemethoden zu ermitteln. Aufgrund der relativen Konstanz der Werte für den Stabilitäts-, Neutralitäts- und Fälschungssicherheitsgrad im Betrachtungszeitraum sind für die Prognosewerte keine erheblichen Veränderungen zu erwarten.

Tab. 5 : Sicherheitsgrade des Euros für die Bundesrepublik Deutschland und die EWU (bezogen auf Euronoten und Stück) 2010 – 2014

| Jahr | Sicherheitsgrad des Euros für die Bundesrepublik Deutschland | Sicherheitsgrad des Euros für die EWU |
|---|---|---|
| 2010 | (0,988 + 0,096230492 + 0,999986644)/3 = 0,69474 | (0,984 + 0,08675221 + 0,999938553)/3 = 0,690230254 |
| 2011 | (0,975 + 0,096185212 + 0,999991997)/3 = 0,69039 | (0,973 + 0,089928057 + )/3 0,999955206 = 0,687627754 |
| 2012 | (0,98 + 0,092333304 + 0,999991234)/3 = 0,6907748 | (0,975 + 0,089395499 + 0,999961709)/3 = 0,688119069 |
| 2013 | (0,985 + 0,09769768 + 0,999992962)/3 = 0,694230214 | (0,987 + 0,093496265 + 0,999953664)/3 = 0,693344301 |
| 2014 | - | - |

Quelle: Witte, H.: Ist der Euro sicher? S. 140

Interessanter erscheint es, das Gefährdungspotenzial für die Sicherheit des Euros in der Zukunft einzuschätzen. Das interne und externe Gefährdungspotenzial der Sicherheit des Euros soll im folgenden Abschnitt behandelt werden.

## 2.3.4.5 Das Gefährdungspotenzial der Sicherheit des Euros

Das interne Gefährdungspotenzial der Sicherheit des Euros erwächst aus der Konstruktion bzw. den Strukturen des Europäischen Währungssystems. Durch den hohen Anteil an nicht neutralem Geld kann die Stabilität des Euros beeinträchtigt werden. Da nicht neutrales Geld die Preise beeinflusst, erwächst aus einem hohen Anteil an nicht neutralem Geld je nach Wirtschaftslage ein entsprechend hohes Deflations- bzw. Inflationsrisiko. Die Sicherheit des Euros wird damit gefährdet.

Das interne Gefährdungspotenzial der Sicherheit des Euros ist in Abb. 4 graphisch veranschaulicht. Da nur 9,5 Prozent der Geldmenge in der Europäischen Währungsunion (EWU) neutral sind und 90,5 Prozent nicht neutral sind, besteht ein hohes internes Gefährdungspotenzial der Sicherheit des Euros.

Abb. 4: Anteile der neutralen Geldmenge und der nicht neutralen Geldmenge an der gesamten Geldmenge $M_3$ in der EWU im Jahr 2014 (in v. Hd.)

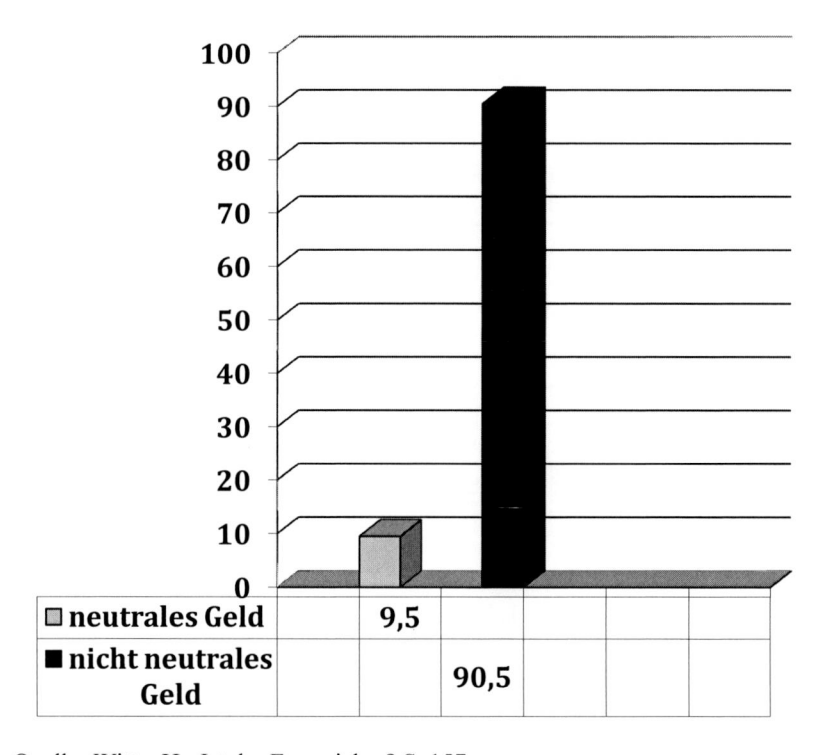

| | |
|---|---|
| ◻ neutrales Geld | 9,5 |
| ■ nicht neutrales Geld | 90,5 |

Quelle: Witte, H.: Ist der Euro sicher? S. 157

Neben dem internen Gefährdungspotenzial der Sicherheit des Euros gibt es noch ein externes Gefährdungspotenzial. Dieses Gefährdungspotenzial liegt außerhalb der Konstruktion bzw. Strukturen des Geldsystems in der Europäischen Währungsunion (EWU). Es ergibt sich aus Krisen aller Art. Zunächst sind dies Wirtschaftskrisen wie Konjunktur-, Finanz- und Staatsverschuldungskrisen. Ein hohes externes Gefährdungspotenzial der Sicherheit des Euros erwächst vor allen aus der hohen Staatsverschuldung in vielen EU-Mitgliedstaaten. An erster Stelle ist Griechenland zu nennen.

Ein externes Gefährdungspotenzial der Sicherheit des Euros kann sich auch aus Naturkatastrophen ergeben, die die Wirtschaft negativ beeinflussen. Naturkatastrophen können zum Beispiel Einfluss auf die Konjunktur und die Staatsverschuldung haben.

### 2.3.4.6 Kann die Sicherheit des Euros erhöht werden?

Die Frage, ob die Sicherheit des Euros erhöht werden kann, ist angesichts der Situation in Griechenland und der in Tab. 5 dargestellten Sicherheitsgrade des Euros von rund 70 Prozent, angebracht. Es gilt sicherlich wie in allen Sicherheitsfragen, die allgemein bekannte Antwort, hundert Prozent Sicherheit gibt es nicht. Diese Antwort gilt in diesem Zusammenhang wegen des externen Gefährdungspotenzials, das von der Geldpolitik nicht beeinflussbar ist.

Aus der Sicht der Geldtheorie und –politik bieten sich die folgenden Ansätze zur Erhöhung der Sicherheit des Euros an (vgl. Abb. 5). Die Ansatzpunkte können bzw. müssen auch kombiniert werden.

Abb. 5: Ansatzpunkte zur Erhöhung der Sicherheit des Euros

|  | Neutralität | Stabilität | Fälschung | Geldpolitik |
|---|---|---|---|---|
| Neutralität | - | X | X | X |
| Stabilität | X | - | X | X |
| Fälschung | X | X | - | X |
| Geldpolitik | X | X | X | - |

Quelle: eigene Darstellung         X = Kombinationsmöglichkeit

Der erste Ansatzpunkt zur Steigerung der Sicherheit ist die Erhöhung des Neutralitätsgrades des Euros. Aus Tab. 5 ergibt sich, dass die Steigerung des Neutralitätsgrades eine erhebliche Erhöhung der Sicherheit des Euros nach sich ziehen wird. Diese Aussage gilt, da der Schwachpunkt der Sicherheit des Euros eindeutig der Neutralitätsgrad ist.

Ein zweiter Ansatzpunkt für die Erhöhung der Sicherheit des Euros ergibt sich aus der Steigerung des Stabilitätsgrades. Da der Stabilitätsgrad des Euros bereits nahe dem Idealwert von hundert Prozent bzw. eins liegt (vgl. Tab. 2), ist die erzielbare Erhöhung des Sicherheitsgrads des Euros deutlich niedriger als beim Neutralitätsgrad. Dieser Ansatzpunkt sollte daher erst nach der erfolgreichen Steigerung des Neutralitätsgrads genutzt werden.

Der dritte Ansatzpunkt zur Steigerung der Sicherheit des Euros ist die Erhöhung des Fälschungssicherheitsgrads. Allerdings ist die Möglichkeit zur Erhöhung des Fälschungssicherheitsgrad aufgrund der in Tab. 5 ausgewiesenen hohen Fälschungssicherheitsgrade nahe hundert Prozent bzw. eins gering.

Ein vierter Ansatzpunkt zur Erhöhung der Sicherheit des Euros ist die Veränderung der Geldpolitik und insbesondere die Verbesserung der Geldmengensteuerung. Die Veränderung der Geldpolitik ist ein grundlegender Ansatzpunkt zur Erhöhung der Sicherheit des Euros, der vorrangig vor dem zweiten und dem dritten Ansatzpunkt genutzt werden sollte.

Schließlich bietet sich noch die Möglichkeit, die erwähnten drei Ansatzpunkte zur Erhöhung der Sicherheit des Euros in Kombination zu nutzen.

### 2.3.4.6.1 Erhöhung des Neutralitätsgrads des Euros

Zur Steigerung der Neutralität des Euros gibt es zwei Möglichkeiten. Erstens wäre es möglich das nicht neutrale Buchgeld abzuschaffen und nur mit neutralem (Bar-)Geld zu arbeiten. Diese Möglichkeit wäre allerdings ein Rückschritt zu einem einfachen Geldsystem. Gegen diese Möglichkeit spricht, dass Bargeld teures und „langsames" Geld ist. Für Bargeld entstehen Präge- oder Druckkosten. Bargeld muss an den Einsatzort, den Markt, transportiert werden. Es erwachsen Transport- und Sicherungskosten für den Transport. Zudem beansprucht der Transport Zeit, so dass Bargeld mit einem Zeitvorlauf auf den Markt gebracht werden muss. Schließlich entstehen noch Buchungskosten. Ferner dürfte der Fälschungssicherheitsgrad mit steigernder Bargeldmenge nicht sinken. Insgesamt kann ein nur mit Bargeld arbeitendes Geldsystem als ineffizienter eingestuft als ein Geldsystem mit einem hohen Buchgeldanteil. Für Buchgeld fallen keine Präge-, Druck-, Transport- und Transportsicherungskosten an. Buchgeld ist im Prinzip ortsunabhängig einzusetzen. Es fallen allerdings auch Buchungskosten und je nach Buchungssystem auch Sicherungskosten an. Die Sicherungskosten für Buchgeld dürften aber deutlich niedriger sein als die für Bargeld. Der Vorteil eines Geldsystems nur mit Bargeld wäre ein Neutralitätsgrad von hundert Prozent bzw. eins.

Die zweite Möglichkeit, eine Erhöhung des Neutralitätsgrads des Euros zu erwirken, wäre die Abschaffung der Zinsen, des Preises für Geld. Dann wäre auch Buchgeld neutrales Geld. Die gesamte Geldmenge wäre neutral. Diese zweite Möglichkeit zur Erhöhung des Neutralitätsgrads der Euros wird im Prinzip derzeit von der Europäischen Zentralbank (EZB) durch die „Sehr-Niedrig-Zinspolitik" verfolgt. Die im Ansatz vorhandene Geldpolitik der Schaffung von neutralem Geld müsste allerdings noch konsequenter angewandt werden. Die Leit-, Soll- und Habenzinsen müssten im Gleichschritt auf null festgelegt werden. Diese Politik wird im Übrigen durch eine auf langjährige Erfahrungen gestützte und in der Bibel verankerte Forderung nach einem Zinsverbot untermauert.[10]

Die zweite Möglichkeit zur Erhöhung des Neutralitätsgrades des Euros hat den Vorteil, dass alle drei Funktionen des Geldes, die Recheneinheits-, die Zahlungsmittel- und die Wertaufbewahrungsfunktion, voll erhalten bleiben. Der Neutralitätsgrad des Euros würde hundert Prozent bzw. eins betragen. Es wäre der höchst mögliche Neutralitätsgrad des Euros erreicht.

### 2.3.4.6.2 Erhöhung des Stabilitätsgrads des Euros

Die Erhöhung des Stabilitätsgrads des Euros kann erreicht werden, indem Maßnahmen zur hundertprozentigen Verhinderung von Deflation und Inflation getroffen werden. Über die Geldmengensteuerung ist dies bisher nicht möglich gewesen. Ein sehr hoher Stabilitätsgrad des Euros konnte durchaus verwirklicht werden (vgl. Tab. 2). Ein Stabilitätsgrad des Euros von hundert Prozent bzw. eins könnte erreicht werden, wenn es gelänge, ein stabiles ökonomisches Gleichgewicht auf allen Teilmärkten des Gesamtmarktes zu installieren. Mit Hilfe einer Lohn-Preis-Regel[11] ist es theoretisch und im Prinzip auch praktisch möglich, auf allen Märkten mengen- und wertmäßige Gleichgewichte zu realisieren. Allerdings sind die notwendigen Veränderungen im Wirtschaftssystem schwer durchzusetzen. Es bedarf eines langwierigen Prozesses des Umdenkens und Lernens. Die Wirtschaftspolitik auf der Basis der "mainstream economics" ist aufzugeben und in eine nachhaltige Wirtschaftspolitik zu verändern.

Die Erhöhung der Stabilität des Euros wird auch durch die Steigerung des Neutralitätsgrads des Euros erreicht. Möglichkeiten dazu wurden im vorhergehenden Abschnitt erörtert. Die vom Geldsystem zugelassenen Deflations- und Inflationstendenzen werden durch hundert Prozent neutrales Geld verhindert. Der Überschneidungsbereich der Möglichkeiten den Sicherheitsgrad über die Erhöhung des Neutralitätsgrads und des Stabilitätsgrads zu erreichen, zeigt die Kombinationsmöglichkeiten der beiden Aktionsmöglichkeiten auf (Tab. 5).

---

[10] Vgl. Die Bibel oder die ganze Heilige Schrift des Alten und Neuen Testaments, Stuttgart 1966, S. 96 (2. Mose 22, 24), S. 152 (3. Mose 25, 36 – 37), S. 236 (5. Mose 23, 20 – 21), S. 610 (Psalm 15, 15), S. 872 (Hesekiel 18, 13, 17); vgl. auch Kloft, M.T.: Das christliche Zinsverbot in der Entwicklung von der Alten Kirche zum Barock, in: Heil, J./Wacker, B. (Hrsg.): Shylock? Zinsverbot und Geldverleih in jüdischer und christlicher Tradition, München 1997, S. 19 – 34.
[11] Vgl. dazu Witte, H.: Die nachhaltige Marktwirtschaft. Wohlstand ohne *self-made* Krisen? Berlin 2013, S. 124 - 144

Die Deflations- und Inflationstendenzen, die nicht von Geldsystem verursacht sind, sondern vom Streben der Wirtschaftseinheiten nach Gewinnmaximierung, müssen durch unterstützende Maßnahmen der Wirtschafts- bzw. Geldpolitik abgebaut werden.

### 2.3.4.6.3 Erhöhung des Fälschungssicherheitsgrads des Euros

Die technischen Möglichkeiten zur Erhöhung der Fälschungssicherheit des Euros sind in diesem Rahmen nicht zu diskutieren. Es sind lediglich geldpolitische Möglichkeiten von Interesse.

Die Ökonomie hat zwei Möglichkeiten zur Erhöhung der Fälschungssicherheit des Euros. Erstens können die ökonomischen Rahmenbedingungen so gestaltet werden, dass Geldfälschung uninteressant ist. Denkbar sind eine Wohlstandsteigerung und eine angemessene Verteilung auf alle Bevölkerungsschichten. Zweitens kann Geld auf die Recheneinheitsfunktion beschränkt werden. Es lässt sich zeigen, dass in einem Gleichgewichtsmodell die Preise durchaus null sein können und eine Zahlungs- und Wertaufbewahrungsfunktion des Geldes, hier des Euros, überflüssig sind.[12] Das Modell basiert auf speziellen Annahmen, die in der Praxis zwar durchsetzbar sind, aber aufgrund der Fixierung auf das Modell der „mainstream economics" kurzfristig nicht realisierbar sein dürften.

Auch diese Möglichkeit zur Erhöhung der Sicherheit des Euros ist mit den anderen Möglichkeiten kombinierbar.

### 2.3.4.6.4 Verbesserung der Geldmengensteuerung

Eine letzte Möglichkeit zur Erhöhung der Sicherheit des Euros ergibt sich aus der Verbesserung der Geldpolitik. Die aktuelle Geldpolitik in den meisten Staaten und Integrationsgemeinschaften wie der Europäischen Union, basiert auf einer Mischung von Monetarismus[13] und der Theorie von Keynes.[14] Das Ergebnis dieser Mischung ist eine Geldmengensteuerung, die durch eine Zinssteuerung unterstützt wird. Eine Mischung zweier unterschiedlich ausgerichteter Theorien deutet daraufhin, dass keine der beiden Theorie zu hundert Prozent überzeugt. Daher ist zu prüfen, welche Verbesserungsmöglichkeiten sich bieten.

Die von den Monetaristen vertretene Geldmengensteuerung basiert auf der Fisherschen Tausch-/Verkehrsgleichung[15] bzw. einer neueren Version dieser

---

[12] Vgl. dazu Witte, H.: Ist der Euro sicher? S. 124 f.
[13] Vgl. vor allem Friedman, M.: Die optimale Geldmenge und andere Essays, 2. Aufl., München 1976 (1970¹)
[14] Vgl. Keynes, J.M.: Allgemeine Theorie der Beschäftigung, des Zinses und des Geldes, 11. Aufl., Berlin 2009
[15] Vgl. Fisher, I.: The Purchasing Power of Money, New York 1911, S. 24 – 28, 47 – 49, 53 – 54, 149 - 183

Gleichung.[16] Diese Gleichung überzeugt in keiner Version, da keine Gleichgewichte auf den drei Teilmärkten des Gesamtmarktes, dem Güter-, dem Geld- und dem Arbeitsmarkt, hergestellt werden. Die Gleichung ist in allen Versionen eine Tautologie, die eine immer gegebene Gleichheit von geld- und güter- bzw. realwirtschaftlicher Seite einer Volkswirtschaft wiederspiegelt. Zudem handelt es sich bei allen Versionen der Gleichung um keine echte Gleichung, da die Maßeinheiten beider Seiten der Gleichung nicht gleich sind. Der Grund ist die Multiplikation der Geldmenge mit der Umlaufgeschwindigkeit des Geldes auf der linken Seite der Gleichung, während auf der rechten Seite eine in Geldeinheiten gemessene Größe (Bruttosozialprodukt oder Bruttoinlandsprodukt) mit dem Preisniveau, einem Index ohne Maßeinheit, multipliziert wird.

Keynes hingegen versucht für alle drei Teilmärkte Gleichungen aufzustellen, die Gleichgewichte auf den Märkten sichern sollen. Das gelingt nur zum Teil, da Keynes auf dem Arbeitsmarkt generell Arbeitslosigkeit (Unterbeschäftigung) unterstellt. Die Konsequenz ist ein Ungleichgewichtsmodell, das dennoch als Gleichgewichtsmodell bezeichnet wird. Die Gleichungen für den Güter- und den Geldmarkt überzeugen keinesfalls, da auch diesbezüglich von Annahmen ausgegangen wird, die die Realität nicht korrekt abbilden. Insbesondere geht Keynes von einer Zinsabhängigkeit aus und gelangt damit zur Zinssteuerung. Friedman[17] hat in seiner Kritik an Keynes gezeigt, dass die Zinssteuerung nur mit Zeitverzögerungen (time lags) wirkt und daher der schnell wirkenden Geldmengensteuerung unterlegen ist.

Kombiniert man die Vorteile des Monetarismus mit denen der Theorie von Keynes, gelangt man zu einer Geldmengensteuerung auf der Basis von drei Gleichungen, die Gleichgewichte für die drei Teilmärkte des Gesamtmarktes, den Güter-, den Geld-und den Arbeitsmarkt, wiedergeben.[18] Dabei handelt es sich nicht um die von Keynes aufgestellten Gleichungen, sondern um drei modifizierte Gleichungen. Diese Gleichungen führen nicht wie die von Keynes abgeleiteten Gleichungen zur Zinssteuerung, sondern zur Geldmengensteuerung. Damit ist die Basis für eine verbesserte Geldpolitik zur Erhöhung der Sicherheit des Geldes, hier des Euros, gegeben.

### 2.3.5 Schlussbemerkungen

Die Bedeutung einer einheitlichen Währung in Europa hat bereits Wicksell erkannt. Er schrieb 1898 „Eine gemeinsame europäische Währung sichert den in-

---

[16] Vgl. Woll, A.: Quantitätstheorie, in: Handwörterbuch der Wirtschaftswissenschaft (HdWW), 6. Bd., Stuttgart u.a. 1981, S. 392 - 399

[17] Vgl. Friedman, M.: A Program for Monetary Stability, in: Ketchum, M.D./Kendall, L.T. (Ed.): Readings in Financial Institutions, Boston 1965, S. 189 - 209; Friedman, M.: The Lag in Effect of Monetary Policy, in: Journal of Political Economy, Vol. 69 (1961), S. 447 - 446

[18] Vgl. zu diesem neuen Ansatz der Geld- und Währungstheorie Witte, H.: Ist der Euro sicher?, S. 108 - 127

ternationalen Frieden!"[19] Den Frieden bezeichnet Wicksell als das höchste Gut. Ohne Frieden verlieren alle anderen Güter ihren Wert.

Orientiert man sich an dieser bedeutenden Aussage von Wicksell, so stellt man fest, dass der Euro endlich den Frieden sichern kann. Daher gilt es, die Funktionsfähigkeit des gemeinsamen Geldmarktes zu sichern, indem die Sicherheit des Euros hergestellt wird. Nur wenn der Euro sicher ist, kann er Frieden sichern.

Die Funktionsfähigkeit des gemeinsamen Geldmarktes und die Sicherheit des Euros können nur mit Hilfe einer Geldpolitik gewährleistet werden, die auf einer Krisen vermeidenden Geldtheorie basiert. Diese Theorie dürfte durch die Kombination der Vorteile von Monetarismus und der Theorie von Keynes gegeben sein. Es gilt diese neue Geldtheorie umzusetzen, um die Europäische Währung, die Europäische Währungsunion (EU) und letztendlich die Europäische Union (EU) selbst zu sichern.

Die neue Geldtheorie ist durchzusetzen, weil sich für die aktuelle Geldpolitik, einer Mischung aus Geldmengensteuerung und Zinssteuerung, anhand der Daten aus der amtlichen Statistik nur eine Sicherheit des Euros von rund 70 Prozent bzw. 0,7 ergibt. Diesen Wert einzuschätzen, muss dem Leser überlassen bleiben. Er kann durch den Vergleich mit Werten für die Sicherheit in anderen Bereichen seine Einschätzung vornehmen.

## Literaturhinweis

Die Bibel oder die ganze Heilige Schrift des Alten und Neuen Testaments, Stuttgart 1966

Europäische Kommission: Vorschlag für eine Richtlinie des Europäischen Parlaments und des Rates zum strafrechtlichen Schutz des Euro und anderer Währungen gegen Geldfälschung und zur Ersetzung des Rahmenbeschlusses 2000/383/JI des Rates, COM(2013) 42 final vom 2.5.2013 (2013/0023(COD))

Fisher, I.: The Purchasing Power of Money, New York 1911

Friedman, M.: A Program for Monetary Stability, in: Ketchum, M.D./Kendall, L.T. (Ed.): Readings in Financial Institutions, Boston 1965, S. 189 – 209

Friedman, M.: Die optimale Geldmenge und andere Essays, 2. Aufl., München 1976 (1970[1])

Friedman, M.: The Lag in Effect of Monetary Policy, in: Journal of Political Economy, Vol. 69 (1961), S. 447 - 446

---

[19] Wicksell, K.: Geldzins und Geldpreis, München 2006 (Org. Jena 1898), S. 232

Friedman, M./Schwartz, A.: Die Definition des Geldes: Nettovermögen und Neutralität als Kriterium, in: Brunner, K./Monissen, H.G./Neumann, M.J.M. (Hrsg.): Geldtheorie, Köln 1974, S. 74 – 90

Gesetz über die Deutsche Bundesbank (BbankG) vom 26.7.1957 in der Fassung vom 22.10.1992 (BGBl. I, S. 1782)

Gesetz zur Förderung der Stabilität und des Wachstums der Wirtschaft (StabWG) vom 8. Juni 1967 (BGBl. I, S. 582), das zuletzt durch Artikel 135 der Verordnung vom 31. Oktober 2006 (BGBl. I, S. 2407) geändert wurde

Hume, D.: Political Discourses, Edinburgh 1752 (reprint London 2015)

Keynes, J.M.: Allgemeine Theorie der Beschäftigung, des Zinses und des Geldes, 11. Aufl., Berlin 2009

Kloft, M.T.: Das christliche Zinsverbot in der Entwicklung von der Alten Kirche zum Barock, in: Heil, J./Wacker, B. (Hrsg.): Shylock? Zinsverbot und Geldverleih in jüdischer und christlicher Tradition, München 1997, S. 19 – 34

Meyer, F.W.: „Neutrales" Geld ist denkbar – aber nicht in einer „natürlichen" Geldordnung, in: Weltwirtschaftliches Archiv, Bd. 67 (1953), S. 68 – 73

Streissler, E.W.: Endogenität und Neutrales Geld in theoriegeschichtlicher Perspektive, in: Schefold, B. (hrsg. v.): Exogenität und Endogenität. Die Geldmenge in der Geschichte des ökonomischen Denkens und in der modernen Politik, Marburg 2002, S. 65 - 88

Vertrag über die Europäische Union (Maastricht-Vertrag) vom 7. Februar 1992, ABl. EG Nr. C 224 vom 31. August 1992, 3. Protokoll über die Satzung des Europäischen Systems der Zentralbanken und der Europäischen Zentralbank

Wicksell, K.: Geldzins und Geldpreis, München 2006 (Org. Jena 1898)

Witte, H.: Die nachhaltige Marktwirtschaft. Wohlstand ohne *self-made* Krisen? Berlin 2013 (Sustainable Market Economy, Zürich 2015; La economía de mercado sustentable, Bahia Blanca 2016)

Witte; H.: Ist der Euro sicher? Ansatz einer neuen Geld- und Währungstheorie, Berlin 2015

Witte, H.: Is the Euro Secure? Approach to a New Monetary Theory, Zürich 2016

Woll, A.: Quantitätstheorie, in: Handwörterbuch der Wirtschaftswissenschaft (HdWW), 6. Bd., Stuttgart u.a. 1981, S. 392 - 399

## 2.4 Brexit – Offene Kritik an der EU? (Hermann Witte[1])

### 2.4.1 Einleitung

Ein Referendum in Großbritannien am 23. Juni 2016 hat den Wunsch der Briten dokumentiert, aus der Europäischen Union (EU) auszutreten. Der Austritt Großbritanniens aus der EU wird als Brexit bezeichnet. Seit dem Bekanntwerden des Ergebnisses des Volksentscheids in Großbritannien gibt es verschiedene Fragen, auf die die Bürger der EU gerne eine Antwort hätten.

Zunächst ist da die Frage, ob Großbritannien tatsächlich aufgrund des Volksentscheids aus der EU austreten wird. Sollte Großbritannien den Brexit vollziehen wollen, entstehen mehrere Fragen. An erster Stelle steht die Frage nach dem Wann. An zweiter Stelle möchten die EU-Bürger wissen, wie der Austritt erfolgt bzw. wie der Austrittsprozess abläuft. Drittens gibt es die Frage nach den Konsequenzen bzw. den Auswirkungen des Brexit. Es soll versucht werden, im Folgenden auf diese Fragen eine Antwort zu geben. Ferner soll versucht werden, Gründe für das Brexit-Votum zu finden. Es ist zu prüfen, ob das Brexit-Votum als Kritik an der Funktionsweise der EU und den entsprechenden Auswirkungen aufzufassen ist. Sollte sich zeigen, dass das Votum als Kritik an der EU zu interpretieren ist, so setzt der Brexit ein Alarmzeichen, das ernst zu nehmen ist. Es sollten notwendige Veränderungen am System der EU diskutiert und auch vorgenommen werden.

Die EU ist als Integrationsgemeinschaft zur Sicherung von Wohlstand und Frieden zu interpretieren. Diese Aufgabe hat sie bisher auch erfolgreich wahrgenommen. Es gilt allerdings schon lange die Erkenntnis, dass ein Staat Mitglied der EU ist, wenn es der Integrationsgemeinschaft gelingt, für jeden Mitgliedstaat mehr Wohlstand zu erzeugen, als er durch Unabhängigkeit von der Integrationsgemeinschaft erreichen kann. Ein Staat, der in der Unabhängigkeitsposition, also alleine, mehr Wohlstand erwirtschaften kann, wird konsequenterweise aus der Integrationsgemeinschaft austreten.

Für die Integrationsgemeinschaft heißt ein bevorstehender Austritt eines Mitgliedstaates, das Integrationskonzept zu überdenken. Dies gilt auch, wenn sich letztendlich die Entscheidung des Obersten Gerichtshofs,[2] dass bei der Brexit-Entscheidung das Parlament zuzustimmen hat, als Barriere für den Brexit zeigen sollte. Die Meinung des Volkes in Großbritannien hat offenkundig gemacht, dass nicht alle Bevölkerungskreise mit dem Agieren der EU einverstanden sind.

---

[1] Dr. Hermann Witte, Professor für Allgemeine Betriebswirtschaftslehre, Logistik und Umweltökonomie, Hochschule Osnabrück (University of Applied Sciences), Campus Lingen, Institut für Management und Technik, Lingen/Germany

[2] Der Oberste Gerichtshof (Supreme Court) hat Ende Januar 2017 entschieden, dass das Britische Parlament dem Brexit zustimmen muss. Eine Zustimmung der regionalen Parlamente in Wales, Schottland und Nordirland ist hingegen nicht notwendig.

Eine Meinung, die auch aus anderen Mitgliedstaaten der EU bekannt ist. Allerdings ist es in diesen Staaten noch nicht zum Volksentscheid gekommen.

Da Kritik immer konstruktiv sein sollte, sind im Rahmen dieses Beitrags auch Schwachpunkte der EU und das entsprechende Verbesserungspotenzial zu diskutieren.

### 2.4.2 Der Prozess bis zum Brexit

Der Brexit gemäß dem Referendum in Großbritannien ist möglich aufgrund des Artikels 50 EU-Vertrag.[3] Dieser Artikel im EU-Vertrag ist neu.[4] In den Vorgängerverträgen der Integrationsgemeinschaft war ein Austritt aus der Gemeinschaft nicht vorgesehen.

Der Brexit, also der Austritt Großbritanniens aus der Europäischen Union gemäß Art. 50 EU-Vertrag, läuft prinzipiell in drei Phasen ab (vgl. Abb. 1).

Abb. 1: Der Drei-Phasen-Prozess zum Brexit

| 1. Phase | 2. Phase | 3. Phase |
|---|---|---|
| Vorbereitung der Austrittsmitteilung | Austrittsverhandlungen | Austritt (Brexit) |
| Termin: bis Ende 3/2017 | bis Ende 3/2019 | noch nicht terminiert |

Quelle: eigene Darstellung

In der ersten Phase des Austrittsprozesses musste Großbritannien die internen Modalitäten des Austritts auf Basis seiner verfassungsrechtlichen Grundlagen prüfen. Es war u.a. zu klären, welche Institutionen dem Austritt zustimmen müssen. Nach Prüfung der internen Modalitäten konnte Großbritannien dem Europäischen Rat seine Austrittsabsicht mitteilen. Die Regierung Großbritanniens hat den Austrittsantrag Ende März 2017 gestellt.

In der zweiten Phase des Austrittsprozesses sind dann die externen Modalitäten für den Brexit zu klären. Die EU und Großbritannien müssen auf der Basis der Leitlinien des Europäischen Rates ein Abkommen über die Einzelheiten des Austritts und die künftigen Beziehungen Großbritanniens zur EU aushandeln.

---

[3] Vgl. Vertrag über die Europäische Union (Konsolidierte Fassung), ABl.-EU C 326/13 vom 26.10.2012
[4] Vgl. Vertrag über die Europäische Union (Konsolidierte Fassung), ABl.-EU C 326/13 vom 26.10.2012 (Übereinstimmungstabellen, C 326/368)

Die Aushandlung des Abkommens erfolgt gemäß Artikel 218 Absatz 3 des Vertrages über die Arbeitsweise der Europäischen Union.[5] Mit Inkrafttreten des Austrittsabkommens oder zwei Jahre nach der Austrittsmitteilung, also vermutlich April 2019, ist der Austritt abgeschlossen. Der Europäische Rat kann den Zeitraum allerdings verlängern.

Im Prinzip könnte somit der Brexit im April 2019 erfolgen. Damit beginnt dann die dritte Phase des Brexit, die Zeit Großbritanniens nach der Mitgliedschaft in der EU. Großbritannien wechselt mit dem Brexit seinen Status vom Mitgliedstaat der EU zum Drittstaat. Als Fazit ergibt sich, dass Großbritannien nicht mehr die Ziele der EU verfolgen muss. Es muss nicht mehr durch Harmonisierung und Integration die Funktionsbedingungen für den liberalen Gemeinsamen Markt und die gemeinsame Währung, den Euro, herstellen und erhalten. Großbritannien hat eigene Ziele zu verfolgen, um für seine Bevölkerung möglichst mehr Wohlstand zu erzeugen, als es als Mitglied in der Integrationsgemeinschaft EU möglich war. Die Beziehung zwischen der EU und Großbritannien ergibt sich aus den im Austrittsabkommen ausgehandelten Bedingungen.

Über den genauen Austrittszeitpunkt, die Austrittsvoraussetzungen und die Modalitäten bzw. das Verhältnis zwischen EU und Großbritannien nach dem Brexit können derzeit keine konkreten Aussagen getroffen werden. In Artikel 218 Absatz 3 des Vertrages über die Arbeitsweise der Europäischen Union sind lediglich die formalen Bedingungen festgelegt. Weder für die auszuhandelnden Inhalte noch für die zu erzielenden Ergebnisse wurden Bedingungen festgelegt. Im Prinzip kann alles oder nichts ausgehandelt werden. Es sind daher die Ergebnisse der Austrittsverhandlungen abzuwarten. Es kann zurzeit lediglich über mögliche Auswirkungen des Brexit spekuliert werden.

Großbritannien hat seinerseits den Brexit vorbereitet. Die Regierung hat ein Gesetz durchgebracht, dass den Austritt auf eine rechtliche Basis stellt. Zudem wurde von der Regierung ein Weißbuch eröffnet, das die Grundlinien für die Aushandlung des Austrittsabkommens mit der EU festlegt[6]. Es wurde ein 12-Punkte-Plan entwickelt. U.a. soll eine Kontrolle über die Zuwanderung aus der EU, weiterhin Freihandel mit der EU, eine Kooperation im Kampf gegen Kriminalität und Terrorismus sowie ein sanfter und geordneter Austritt aus der EU angestrebt werden.

---

[5] Vgl. Vertrag über die Arbeitsweise der Europäischen Union (Konsolidierte Fassung), ABl.-EU C 326/47 vom 26.10.2012
[6] Vgl. HM Government: The United Kingdom's exit from and a new partnership with the European Union, February 2017 (www.gov.uk/goverment/publications, abgerufen am 28.02.2017)

### 2.4.3 Mögliche Auswirkungen des Brexit

Hinsichtlich der Identifizierung möglicher Ergebnisse der Austrittsverhandlungen und ihrer Auswirkungen kann nur der EU-Vertrag herangezogen werden. Die im Vertrag festgelegten Maßnahmen zur Verwirklichung einer Integrationsgemeinschaft könnten rückgängig gemacht werden.

Die erste Maßnahme, die rückgängig gemacht werden könnte, ist die Schaffung eines Raumes ohne Binnengrenzen, in dem gemäß Artikel 3 EU-Vertrag Absatz 2 ein freier Personenverkehr zu gewährleisten ist. Mit dem Brexit tritt Großbritannien aus diesem Raum aus und stoppt damit den freien Personenverkehr zwischen Großbritannien und den EU-Mitgliedstaaten.

Wenn sich in den Austrittsverhandlungen zwischen Großbritannien und der EU und dem auszuhandelnden Abkommen über den Austritt keine Regelung hinsichtlich der Aufrechterhaltung des freien Personenverkehr fixieren lassen sollte, ergeben sich aus dem unfreien Personenverkehr in der Zeit nach dem in Krafttreten des Austrittsabkommens weitere mögliche Maßnahmen. Diese Maßnahmen können einseitig von der EU oder Großbritannien aber auch von beiden Seiten getroffen werden.

Die erste Maßnahme wird die Einführung der Reisepasspflicht sein. Innerhalb der EU benötigt man zum Grenzübertritt lediglich den Personalausweis. Da Großbritannien nach dem Brexit zum Drittstaat wird, wird man künftig für den Grenzübertritt den Reisepass benötigten. Eine weitere Maßnahme könnte die Visapflicht sein. Es sind Erschwernisse beim Grenzübertritt wie Schlagbäume, Grenzzäune und Grenzkontrollen denkbar.

Der künftig unfreie Personenverkehr wird auch Auswirkungen auf die bisher freie Wahl des Arbeitsplatzes in der EU haben. Mit dem Brexit wird dieses Recht wegfallen. Es ist das strikte Verbot des Arbeitens im Ausland, aber auch die Einschränkung der Arbeitsplatzwahl durch Mengen- und Qualitätsbeschränkungen möglich.

Für bilateral tätige Unternehmen ist die Konsequenz, dass weniger oder gar keine Arbeitskräfte aus dem jeweiligen Ausland eingesetzt werden können. Es wird nicht nur schwieriger werden, Arbeitsplätze zu besetzten, sondern auch die Durchführung personalintensiver Aufträge im jeweiligen Ausland werden erschwert. Ein Beispiel ist die Tätigkeit von Fußballspielern. EU-Bürger fallen bisher nicht unter die Ausländerregel, so dass mehr als vier Spieler, die nicht aus dem Staat, in dem der Fußballverein ansässig ist, eingesetzt werden können. Spieler aus Großbritannien fallen künftig in der EU nicht mehr unter diese Regel. Entsprechend werden Spieler aus EU-Staaten in Großbritannien in Zukunft nicht mehr unter dieser Regel eingesetzt werden können.

Die EU hat einen Binnenmarkt (Artikel 3 Absatz 2 EU-Vertrag), auch als Gemeinsamer Markt bezeichnet, errichtet. Mit dem Brexit wird Großbritannien nicht mehr dem Binnenmarkt angehören. Ein freier Güterverkehr (Verkehr von Sachgüter und Dienstleistungen einschließlich Kapital) zwischen Großbritannien und der EU wird vermutlich nicht mehr möglich sein. Es könnten wieder Schlagbäume, Grenzkontrollen, Zölle und mengenmäßige, qualitätsbezogene sowie technische Ein- und Ausfuhrbeschränkungen (Margen, Quoten, Kontingente) eingeführt werden. Inwieweit die Vorgabe, freien und gerechten Handel zur übrigen Welt (Artikel 3 Absatz 5 EU-Vertrag) zu fördern, in den Austrittsverhandlungen bzw. im Austrittsabkommen zum Tragen kommen wird, bleibt abzuwarten. Denkbar ist durchaus auch die Aushandlung von freiem Handel, so dass sich gegenüber der Situation Großbritanniens als Mitglied im Binnenmarkt nicht allzu viel ändern wird.

Die EU hat ferner eine Wirtschafts- und Währungsunion (Artikel 3 Absatz 4 EU-Vertrag) geschaffen, in der der Euro die gemeinsame Währung ist. Der Brexit bedeutet das Ausscheiden Großbritanniens aus der Wirtschafts- und Währungsunion. Da die Errichtung einer Wirtschaftsunion mit der Schaffung eines Binnenmarktes „verlinkt" ist, muss der Austritt Großbritanniens aus der Wirtschaftsunion nicht noch einmal separat behandelt werden. Es können die Aussagen zum Austritt aus dem Binnenmarkt übertragen werden. Anders ist der Austritt aus der Währungsunion zu betrachten. Großbritannien gehört zwar der Währungsunion an und ist Mitglied im erweiterten Rat der Europäischen Zentralbank (EZB-Rat). Die gemeinsame Währung, den Euro, hat Großbritannien hingegen nicht eingeführt. Mit dem Brexit wird Großbritannien nicht mehr Mitglied im EZB-Rat sein können. Hinsichtlich der Währung in Großbritannien, dem Pfund, sind keine Veränderungen zu erwarten. Großbritannien muss das Pfund nicht wiedereinführen. Veränderungen sind allerdings hinsichtlich des Wechselkurses zwischen Euro und Pfund zu erwarten. Wechselkursänderungen zwischen Pfund und anderen Währung sind aufgrund des Brexit ebenfalls zu vermuten.

Großbritannien ist nach dem Brexit auch nicht mehr verpflichtet, im Rahmen des Wechselkursmechanismus II des Europäischen Währungssystems die normale Bandbreite für Wechselkursschwankungen von plus/minus 15 % einzuhalten. Es könnte damit kein eingeschränktes, sondern ein erhöhtes Wechselkursrisiko bestehen. Das eventuell steigende Wechselkursrisiko könnte Auswirkungen auf die Geld- und Währungspolitik Großbritanniens haben. Im ungünstigsten Fall könnte der freie Kapitalverkehr eingeschränkt werden und langfristig ein System der Devisenzwangsbewirtschaftung eingeführt werden. Dadurch würden dann auch die Wirtschaftsbeziehungen zwischen Großbritannien und der EU schwieriger bzw. eingeschränkt.

Es ist festzuhalten, dass ein Brexit die Wirtschaftsbeziehungen zwischen Großbritannien und der EU nicht zum Stoppen bringen wird. Allerdings sind Erschwernisse, Einschränkungen und Verteuerungen der Handelsbeziehungen zu warten. Diese möglichen Konsequenzen sind nicht im Sinne der Bürger und Unternehmen in Großbritannien und auch nicht in der EU.

### 2.4.4 Mögliche Barriere des Brexit

Zur Verhinderung des Brexit und seiner nicht gewünschten Konsequenzen, gab es noch eine Möglichkeit. Die Regierung Großbritanniens hat bereits verkündet, dass sie sich an das Ergebnis des Volksentscheids halten und den Austritt aus der EU veranlassen wird.

Die einzige Möglichkeit den Brexit noch zu verhindern, bestand in der möglichen Entscheidung des Obersten Gerichts in Großbritannien, dem Supreme Court, den Brexit von der Zustimmung des britischen Parlaments abhängig zu machen. Das Parlament hätte dann, entgegen dem Volksentscheid und der Meinung der Regierung, für „Nein" stimmen können. Der Brexit wäre dann verhindert. Nach Presseberichten war die Wahrscheinlichkeit, dass das britische Parlament mit „Nein" stimmt, relativ hoch. Doch Wahlprognosen sind bei einmaligen Entscheidungen oft mit großen Fehlern behaftet. Da der Brexit eine einmalige Entscheidung ist, musste auf das Abstimmungsergebnis gewartet werden. Es hat sich gezeigt, dass Wahlprognosen nicht immer zutreffen. Das „Nein" des Parlaments gab es nicht.

### 2.4.5 Gründe für den Brexit

Statt über Abstimmungsergebnisse zu diskutieren, erscheint es wichtiger, über die Gründe nachzudenken, warum es zur Diskussion des Brexit gekommen ist. Um die Gründe für den Brexit zu identifizieren, sind zunächst die Gründe des Beitritts eines Staates zu einer Integrationsgemeinschaft wie der EU zu erörtern.

In der ökonomischen Integrationsforschung, wird unter Integration der Zusammenschluss von mehreren Wirtschaftseinheiten zu einer neuen höherrangigen Wirtschaftseinheit verstanden. Der Zusammenschluss soll einen synergetischen Nutzen bewirken. Die neue Wirtschaftseinheit soll effizienter sein als die sich zusammenschließenden alten Wirtschaftseinheiten. Für die Mitglieder (Bürger) der neuen Wirtschaftseinheit soll ein höherer Wohlstand geschaffen werden, als es die alten Wirtschaftseinheiten im Alleingang konnten. Nur wenn dieses Ziel erreicht und der Zielerreichungsgrad langfristig erhalten wird, besteht ein Integrationswille. Anderenfalls besteht kein Integrationswille bzw. entsteht später eine Desintegrationstendenz.[7]

Gemäß dieser Aussage muss für Großbritannien zum Zeitpunkt des Beitritts zur Vorgängergemeinschaft der EU, den Europäischen Gemeinschaften (EG), ein Integrationswillen bestanden haben. Die EG konnte damals anscheinend für die

---

[7] Vgl. Witte, H.: Die Bestimmung der ökonomischen Integration in den Europäischen Gemeinschaften, Volkswirtschaftliche Schriften, Heft 355, Berlin 1985, S. 18

Bürger Großbritanniens (und auch in den anderen Mitgliedstaaten) mehr Wohlstand schaffen, als es Großbritannien (und auch die anderen Mitgliedstaaten) alleine konnte. Da der Integrationswille in Großbritannien nicht mehr zu bestehen scheint, muss in Großbritannien die Meinung vorherrschen, Großbritannien könne alleine mehr Wohlstand schaffen, als es als Mitglied in der EU kann. Der Brexit ist die logische Konsequenz.

Warum in Großbritannien die Meinung vorzuherrschen scheint, dass Großbritannien für seine Bürger mehr Wohlstand schaffen kann, wenn es aus der EU austritt, kann anhand der im EU-Vertrag festgelegten Ziele der EU näher untersucht werden.

Dort wurden die folgenden Ziele festgeschrieben: Förderung des Friedens und des Wohlergehens der Völker der EU (Artikel 3 Absatz 1 EU-Vertrag), Gewährleistung von Freiheit, Sicherheit und freiem Personenverkehr (Artikel 3 Absatz 2 EU-Vertrag), Erwirken einer wettbewerbsfähigen sozialen Marktwirtschaft mit ausgewogenem Wirtschaftswachstum und Preisstabilität, Vollbeschäftigung, sozialem Fortschritt, Umweltschutz, Verbesserung der Umweltqualität sowie wissenschaftlichem und technischem Fortschritt (Artikel 3 Absatz 3 EU-Vertrag), Schaffung einer Wirtschafts- und Währungsunion mit der Gemeinschaftswährung Euro (Artikel 3 Absatz 4 EU-Vertrag), Gewährleistung von Schutz, Frieden, Sicherheit, globaler nachhaltiger Entwicklung, Solidarität, gegenseitiger Achtung der Völker, freiem und gerechtem Handel, Beseitigung der Armut, Schutz der Menschenrechte insbesondere bei Kindern, Einhaltung und Weiterentwicklung des Völkerrechts sowie Wahrung der Grundsätze der Charta der Vereinten Nationen (Artikel 3 Absatz 5 EU-Vertrag).

Auf die Erfüllung dieser Ziele ist im Folgenden näher einzugehen.

### 2.4.5.1 Förderung des Friedens und des Wohlergehens der Völker der EU

Im Artikel 3 Absatz 1 EU-Vertrag ist sehr allgemein das Ziel Förderung des Friedens und des Wohlergehens der Völker der EU festgelegt. Der Begriff Förderung ist eine so allgemeine Formulierung, die es schwer macht, der EU vorzuwerfen, keinen Zielbeitrag zu diesem Ziel geleistet zu haben. Nur auf der Basis einer konkreten Zielformulierung in Form eines Zielwertes lässt sich ein konkreter Zielerreichungsgrad bestimmen. Inwieweit von einer Förderung des Friedens durch die EU gesprochen werden kann, muss angesichts vieler Krisenherde in der Welt mit spürbaren Auswirkungen auf die EU-Mitgliedstaaten und ihre Bevölkerungen, offen bleiben. Es ist durchaus denkbar, dass viele Bürger aus den EU-Mitgliedstaaten aufgrund direkter Erlebnisse und Berichten aus den Medien, ihre Vorstellungen von Frieden nicht erfüllt sehen.

Hinsichtlich der Förderung des Wohlergehens der Völker der EU gilt die gleiche Aussage. Es lassen sich durchaus Maßnahmen der EU aufzählen, die als Zielbeitrag zu diesem Ziel zu werten sind. Allerdings kann man angesichts von über 18 Millionen Arbeitslosen in der EU[8] und Wanderbewegungen der Bürger innerhalb der EU um Arbeit zu finden, nicht von einem Wohlergehen aller Bevölkerungsgruppen und -schichten in der EU sprechen.

Die Leistung der EU zum Ziel Förderung von Frieden und Wohlergehen wird vermutlich nicht von allen EU-Bürgern gleich positiv eingeschätzt. Viele unzufriedene EU-Bürger trüben das Stimmungsbild in den EU-Mitgliedstaaten in unterschiedlichem Ausmaß. Das Stimmungsbild findet bei Wahlen und in Medienberichten vor und nach Wahlen aktuell deutlichen Niederschlag. Das Wahlverhalten der Bürger und damit die Wahlergebnisse deuten dies an. Bisher nicht etablierte Parteien können in vielen EU-Mitgliedstaaten nicht prognostizierte Wahlerfolge feiern.

### 2.4.5.2 Gewährleistung von Freiheit, Sicherheit und freiem Personenverkehr

Das im Artikel 3 Absatz 2 EU-Vertrag festgeschriebene Ziel Gewährleistung von Freiheit, Sicherheit und freiem Personenverkehr kann durchaus als erfüllt angesehen werden, da mit der Fixierung der Teilziele im EU-Vertrag auch ihre Verwirklichung erfolgt ist. Allerdings bleibt es offen, inwieweit die Bürger der EU-Mitgliedstaaten Nutzen von der gewährleisteten Freiheit, Sicherheit und dem freien Personenverkehr haben. Freiheit und Sicherheit lassen sich zwar von Seiten der EU im Vertrag festschreiben, da Freiheit und Sicherheit nicht unabhängig sind vom nicht unbedingt positiv eingeschätzten Zielerreichungsgrad des Teilziels Frieden zu fördern, ist der Zielerreichungsgrad schwer zu beurteilen. Es ist durchaus möglich, dass viele EU-Bürger den Zielerreichungsgrad für die Teilziele Freiheit und Sicherheit nicht sehr hoch einschätzen. Auch die gewährleistete Freiheit im Personenverkehr dürfte nicht von allen EU-Bürgern gleich positiv eingeschätzt werden. Es ist aktuell nicht zu verkennen, dass die Freiheit im Personenverkehr auch negative Seiten hat und sich viele EU-Bürger daher in ihrem Wohlergehen beeinträchtigt füllen.

### 2.4.5.3 Erwirken einer wettbewerbsfähigen sozialen Marktwirtschaft

Das im Artikel 3 Absatz 3 EU-Vertrag festgelegte Ziel, 'Erwirken einer wettbewerbsfähigen sozialen Marktwirtschaft mit ausgewogenem Wirtschaftswachstum, Preisstabilität, Vollbeschäftigung, sozialem Fortschritt, Umweltschutz, Verbesserung der Umweltqualität sowie wissenschaftlichem und technischem Fortschritt' kann durchaus als zum Teil erfüllt angesehen werden. Die Ausnah-

---

[8] Vgl. Europäische Union: Anzahl der Arbeitslosen in den Mitgliedstaaten im November 2016 (Das Statistik-Portal, de.statistica.com, abgerufen am 01.02.2017)

me ist das Teilziel Vollbeschäftigung. Bei 18,5 Millionen Arbeitslosen in den EU-Mitgliedstaaten kann nicht von Vollbeschäftigung gesprochen werden (s.o.). Inwieweit die Zielerreichung der anderen Teilziele von den EU-Bürgern positiv eingeschätzt wird, kann nicht generell gesagt werden. Es dürfte bei den Bürgern in den einzelnen EU-Mitgliedstaaten und einzelnen Bevölkerungsschichten sehr abweichende Einschätzungen geben.

Das Teilziel Wirtschaftswachstum wird in der EU prinzipiell erreicht. Doch die Kritik der Ökologen am Wirtschaftswachstum bleibt nicht nur auf Wissenschaftler begrenzt, sondern hat auch deutliche Resonanz außerhalb der Wissenschaft.[9]

Das Teilziel Preisstabilität kann aufgrund der relativ niedrigen Inflation in den EU-Mitgliedstaaten in den letzten Jahren[10] als erreicht eingestuft werden. Da Durchschnittswerte verzerrt sind, lassen sich durchaus EU-Mitgliedstaaten und Güter finden, für die höhere Inflationsraten vorliegen, so dass nicht für alle EU-Bürger der gleiche Zielerreichungsgrad gilt. Es kann somit mehr oder weniger unzufriedene EU-Bürger geben.

Sozialer Fortschritt wird in der EU ohne Zweifel erwirkt. Da aber Sozialleistungen in den einzelnen Mitgliedstaaten unterschiedlich geregelt sind, kommt es zu Sozialdifferenzen und Sozialleistungsmissbrauch. Daher sind nicht alle EU-Bürger in gleichem Maße mit dem erreichten sozialen Fortschritt zufrieden.

Die gleiche Aussage gilt hinsichtlich der Teilziele Umweltschutz, Verbesserung der Umweltqualität, wissenschaftlichem Fortschritt und technischem Fortschritt. Die EU hat unstrittig Zielbeiträge zu diesen Teilzielen geleistet. Es gibt aber leider in allen Bereichen Ausnahmen mit negativen Zielbeiträgen, wie z.B. im Umweltschutz, so dass der Gesamteindruck nicht für alle EU-Bürger gleich ist.

Als Fazit ist festzuhalten, dass hinsichtlich des Zielerreichungsgrades aller Teilziele unterschiedliche Meinungen bei den EU-Bürgern bestehen.

### 2.4.5.4 Schaffung einer Wirtschafts- und Währungsunion

Das in Artikel 3 Absatz 4 EU-Vertrag festgelegte Ziel, Schaffung einer Wirtschafts- und Währungsunion mit der Gemeinschaftswährung Euro, kann nur zum Teil als erreicht eingestuft werden. Nicht alle EU-Mitgliedstaaten haben den Euro eingeführt und nicht alle EU-Mitgliedstaaten, die den Euro eingeführt haben, erlebten nach der Euro-Einführung eine positive Wirtschaftsentwicklung.

Als warnendes Negativbeispiel gilt Griechenland. Griechenland wurde einige Jahre nach der Euro-Einführung von einer massiven Wirtschaftskrise getroffen.

---

[9] Zur Wachstumskritik vgl. u.a. Jackson, T.: Prosperity without Growth, London, Sterling (VA) 2009, insbes. S. 49 - 65
[10] Eurostat – Tables, Graphs and Maps Interface (TGM) table (http://ec.europa.eu/eurostat/tgm/table.do?tab=table&init=1&language=de&pcode=tec

Die Gründe für diese Wirtschaftskrise sind eigentlich nicht in der Währungsunion und dem Euro zu suchen, sondern in der Organisation und Struktur des griechischen Staats und der griechischen Wirtschaft. Es lässt sich aber zeigen, dass der Euro aufgrund des gewählten Wechselkurses die Krise beschleunigt und verstärkt hat.[11]

Da Großbritannien den Euro nicht eingeführt hat, kann eine direkte Beeinträchtigung durch den Euro nicht vorliegen und für den geplanten Brexit verantwortlich gemacht werden. Indirekte Wirkungen bestehen hingegen, so dass Großbritannien vermutlich mit der Geld- und Währungspolitik der EU bzw. der Europäischen Zentralbank (EZB) nicht einverstanden ist. Großbritannien will vermutlich eventuellen Beeinträchtigungen vorbeugen. Da die Gründe der Bevölkerung in Großbritannien für das Brexit-Votum schwer zu analysieren sind, kann auch einfach durch die Grexit-Diskussion ein Angstgefühl geweckt worden sein.

### 2.4.5.5 Gewährleistung von Schutz, Frieden und Sicherheit

Schließlich ist das in Artikel 3 Absatz 5 EU-Vertrag vereinbarte Ziel, Gewährleistung von Schutz, Frieden und Sicherheit bei globaler nachhaltiger Entwicklung, Solidarität, gegenseitiger Achtung der Völker, freiem und gerechtem Handel, Beseitigung der Armut, Schutz der Menschenrechte insbesondere bei Kindern, Einhaltung und Weiterentwicklung des Völkerrechts sowie Wahrung der Grundsätze der Charta der Vereinten Nationen, zu beurteilen.

Betrachtet man die Teilziele, so stellt man fest, dass eine globale nachhaltige Entwicklung keinesfalls gewährleistet ist. Die Globalisierung ist heftiger Kritik ausgesetzt. Viele EU-Bürger sind mit der Globalisierung nicht einverstanden, da sie nicht nachhaltig ist. Die Demonstrationen gegen die Globalisierung werden in den Medien immer wieder dargestellt. Entsprechend hochrangige politische Veranstaltungen müssen durch ein Großaufgebot von Polizei geschützt werden.

Die Solidarität in der EU ist auf keinen Fall gewährleistet, wie sich vor allem an der Verteilung der Flüchtlinge auf die EU-Mitgliedstaaten gezeigt hat. Solarische Lösungen wären zu wünschen. Sie sind aber leider nicht in Sicht. Damit ist auch die gegenseitige Achtung der Völker nicht gewährleistet.

Der Handel ist gemäß den Regelungen im EU-Vertrag durchaus als frei (liberal) zu klassifizieren. Es hat sich allerdings gezeigt, dass ein freier Handel keineswegs einen gerechten Handel bewirkt. Im freien Handel hat der Größere mehr Marktmacht und kann sich Vorteile verschaffen. Dies gilt insbesondere bei ungleichen (nicht harmonisierten) ökonomischen Bedingungen.

---

[11] Vgl. Witte, H.: Ist der Euro sicher? Ansatz einer neuen Geld- und Währungstheorie, Berlin 2015, S. 47 f.

Die Beseitigung der Armut ist bisher nicht gelungen. Dabei mangelt es nicht an einer theoretischen Vorgabe,[12] wie Armut verhindert werden kann, sondern am politischen Umsetzungswillen.

Am ehesten wird der Schutz der Menschenrechte insbesondere bei Kindern, die Einhaltung und Weiterentwicklung des Völkerrechts sowie Wahrung der Grundsätze der Charta der Vereinten Nationen gewährleistet.

Insgesamt kann aber nur von einer geringen Erfüllung des Ziels Gewährleistung Schutz, Frieden und Sicherheit gesprochen werden, da wichtige Teilziele nicht annähernd erfüllt sind.

### 2.4.5.6 Zusammenfassende Bewertung des Zielerreichungsgrades der Ziele der EU

Die zusammenfassende Bewertung der im EU-Vertrag fixierten Ziele ist in Abb. 2 dargestellt. Da alle Ziele nur als gering erfüllt einzustufen sind, ergibt sich auch hinsichtlich der Gesamtwertung ein geringer Zielerreichungsgrad.

Abb. 2: Geschätzter Zielerreichungsgrad für die Ziele der EU

| **Ziel** | **geschätzter Zielerreichungsgrad** |
|---|---|
| 2.4.5.1 | Gering |
| 2.4.5.2 | Gering |
| 2.4.5.3 | Gering |
| 2.4.5.4 | Gering |
| 2.4.5.5 | Gering |
| Gesamtwert | Gering |

Quelle: eigene Darstellung

Aus dem geringen Gesamtzielerreichungsgrad kann nicht unbedingt für einen Staat eine dringende Notwendigkeit gefolgert werden, EU-Mitglied zu sein. Andererseits wird der Austrittswille Großbritanniens erklärt.

Außer der groben Ermittlung eines Zielerreichungsgrad sind noch System- und Strategiefehler zu identifizieren, um einen bevorstehenden Brexit zu begründen. In den folgenden beiden Abschnitten soll diese Identifizierung erfolgen.

---

[12] Vgl. Witte, H.: Die nachhaltige Marktwirtschaft. Wohlstand ohne *self-made* Krisen? Berlin 2013, insbes. S. 115 ff.

## 2.4.6 Systemfehler der EU, die zu Benachteiligungen einzelner Staaten, Unternehmen und Bürger führen

Im EU-Vertrag wurde als Wirtschaftssystem für die EU eine soziale Marktwirtschaft festgeschrieben.[13] Damit ist klar, dass das von der EU praktizierte Wirtschaftssystem generell marktwirtschaftlich und sozial ausgerichtet ist. Inwieweit die einzelnen Mitgliedstaaten ihr Wirtschaftssystem marktwirtschaftlich und sozial gestalten, ist damit nicht konkret festgelegt. Früher galt die in der Bundesrepublik Deutschland praktizierte Soziale Marktwirtschaft als Unikat, das es nur in der Bundesrepublik Deutschland gab. Alle anderen Staaten in Europa hatten andere Wirtschaftssysteme. Die Bandbreite der praktizierten Wirtschaftssysteme war groß. Auf der einen Seite gab es die marktwirtschaftlichen Wirtschaftssysteme unterschiedlicher Ausgestaltung im nördlichen, westlichen und südlichen Teil Europas. In östlichen Teil Europas wurden planwirtschaftliche Wirtschaftssysteme praktiziert, die auch unterschiedlich ausgestaltet waren. Bekanntlich unterschied sich das Wirtschaftssystem in Jugoslawien deutlich von den anderen planwirtschaftlichen Systemen im Ostblock. Es kann nicht davon ausgegangen werden, dass in der Zwischenzeit die Wirtschaftssysteme in den EU-Mitgliedstaaten alle auf den gleichen Standard einer sozialen Marktwirtschaft transformiert werden konnten. Die immer noch fehlende Harmonierung der ökonomischen Bedingungen in den EU-Mitgliedstaaten spricht gegen die Verwirklichung sozialer Marktwirtschaften gleichen Standards. Vergleicht man das Fehlen einheitlicher sozialer marktwirtschaflicher Systeme mit dem Sport, so ist das, als würde man eine Sportart (z.B. Fußball) in einer Europaliga spielen und die Vereine aus den einzelnen Mitgliedstaaten der EU würde eigene, unterschiedliche Regeln anwenden. Dass das nicht funktioniert und keine fairen Spiele zustande kommen würden, ist jedem klar. Daher gibt es Sportverbände auf europäischer Ebene, die für alle Mitgliedstaaten gleiche Regeln erlassen. Warum man in der übergeordneten und viel wichtigeren „Wirtschaftsliga" nicht so verfährt und Unterschiede zulässt, bleibt unerklärlich, unverständlich und unlogisch. Es muss doch jedem klar sein, dass so faires, gerechtes, krisenfreies und für alle erfolgreiches gemeinsames Wirtschaften in einer Integrationsgemeinschaft bzw. einem gemeinsamen Markt nicht möglich ist.

Die Konsequenz unterschiedlicher ökonomischer Bedingungen in der EU sind unterschiedliche Entwicklungen der einzelnen Mitgliedstaaten mit unterschiedlich hoher Staatsverschuldung, unterschiedlich hohen Subventionszahlungen, unterschiedlichen Wachstumsraten, unterschiedlich hohen Arbeitslosenquoten, unterschiedlicher, nicht gerechter Verteilung von Einkommen und Vermögen etc. Letztendlich sind die Unterschiede Erklärungen für Krisen aller Art.

---

[13] Vgl. Vertrag über die Europäische Union und Vertrag über die Arbeitsweise der Europäischen Union (Konsolidierte Fassung), EU-ABl. C 326 vom 26.10.2012, S. 001 – 0390, Art. 3 Satz 3

Außer dem Wirtschaftssystem ist das politische System in der EU zu betrachten und zu prüfen, ob es auch diesbezüglich Benachteiligungen der EU-Bürger gibt. Das politische System in der EU kann als rechtsstaatliche Demokratie gezeichnet werden. Auch wenn es in den Mitgliedstaaten unterschiedliche Ausprägungen der Rechtsstaatlichkeit und der Demokratie gibt, kann eine allgemeine Unzufriedenheit mit der praktizierten Rechtsstaatlichkeit und der Demokratie konstatiert werden. Diese Einschätzung ergibt sich aufgrund relativ niedriger Wahlbeteiligungen der Bürger in fast allen Mitgliedstaaten. Eine Erklärung der Wahlmüdigkeit mit dem Wetter und dem fehlenden Demokratieverständnis der Bürger überzeugt nicht. Nicht zur Wahl gehen Bürger, die in den bestehenden Wahlmöglichkeiten keine Alternative für die Verwirklichung ihrer Vorstellungen sehen. Wahlerfolge neuer politischer Gruppierungen zeigen, dass die Bürger nach Alternativen suchen, weil sie mit den Leistungen alter politischer Gruppierungen unzufrieden sind und ihre Vorstellungen nicht verwirklicht sehen.

Für die Unzufriedenheit der Bürger mit alten politischen Gruppierungen gibt es viele Gründe. Gründe sind u.a. das Nicht-Einhalten von Wahlversprechungen, das Auftreten von Krisen, die nicht verhindert wurden (Arbeitslosigkeit, Finanzkrise etc.), Erklärungen von Krisen mit Argumenten, die die Bürger nicht überzeugen etc. Auffällig ist, dass die Unzufriedenheit der Bürger in vielen Mitgliedstaaten der EU besteht. Die Bürgerunzufriedenheit sollte daher ernstgenommen und Maßnahmen zur Gegensteuerung eingeleitet werden. Das „timing" der Maßnahmen kann nicht früh genug angesetzt werden. Schwieriger ist es, die richtige „Dosierung" der Maßnahmen zu treffen. Dazu bedarf es einer intensiven Analyse, um ein Maßnahmenpaket zu finden, das Bürger mit einem breiten Meinungsspektrum anspricht. Die leider vielfach angewandte Strategie in der Analyse und bei der Ableitung eines Maßnahmenpakets mit dem Mittelwert zu arbeiten, kann bei einem breiten Meinungsspektrum nur wenig bzw. gar keinen Erfolg bringen.

### 2.4.7 Strategische Fehler der EU

Der EU sind mindestens die drei im Folgenden behandelten strategischen Fehler unterlaufen: (1) Erzeugung eines Harmonisierungsdrucks bei der Schaffung des Gemeinsamen Marktes (Binnenmarkt), (2) Erzeugung eines Harmonisierungsdrucks bei der Einführung des Euros und (3) Vernachlässigung der Harmonisierung und Integration zugunsten einer Expansion der Mitgliederzahl der EU bzw. der EG.

In den Römischen Verträgen zur Gründung der Vorgängerinstitution der EU der Europäischen Gemeinschaften wurde für die alten sechs Mitgliedstaaten eine Übergangsfrist von 12 Jahren für die Harmonisierung der Bedingungen in den

Mitgliedstaaten festgelegt.[14] Die Übergangsfrist lief 1969 aus, ohne dass eine totale Harmonisierung erreicht wurde. Die erzielten Harmonisierungen beziehen sich vor allem auf den sozialen, den technischen und den Umweltbereich. Die für die Funktionsfähigkeit der Wirtschaft so wichtige Harmonisierung der ökonomischen Bedingungen, wie ein einheitliches Steuersystem, gleiche Wettbewerbsbedingungen, gleiche Preise für gleiche Güter und gleiche Löhne für gleiche Arbeit, konnten nicht erreicht werden. Da die Harmonisierung nur partiell erfolgte und keine weiteren Fortschritte erzielt wurden, kam es 1985 zum Urteil in der Untätigkeitsklage vor dem Europäischen Gerichtshof.[15] Die Europäische Kommission wurde damals dazu verurteilt, bis 1993 den liberalen Gemeinsamen Markt zu verwirklichen. Damit entstand für die Mitgliedstaaten der EG ein Harmonisierungsdruck, um die Funktionsfähigkeit des liberalen Gemeinsamen Marktes herzustellen. Der liberale Gemeinsame Markt wurde auch 1993 geschaffen, allerdings ohne nennenswerte Harmonisierungen im ökonomischen Bereich. Die Mitgliedstaaten nehmen folglich lieber die Nachteile eines nicht total funktionsfähigen liberalen Gemeinsamen Marktes in Kauf, statt im ökonomischen Bereich zu harmonisieren. Diese Tatsache lässt zwei mögliche Schlussfolgerungen zu: (1) die Mitgliedstaaten sehen in der Harmonisierung der ökonomischen Bedingungen einen größeren Nachteil, als in der partiellen Funktionsunfähigkeit des liberalen Gemeinen Marktes oder (2) die Mitgliedstaaten sehen den Sinn und Zweck einer Integrationsgemeinschaft nicht und verfolgen mit ihrer Mitgliedschaft in der Gemeinschaft andere Ziele als die vertraglich vereinbarten.

Mit der Schaffung einer Gemeinschaftswährung, dem Euro, hat die Europäische Union ein zweites Mal einen Harmonisierungsdruck erzeugt. Spätestens mit der Einführung des Euros hätten die ökonomischen Bedingungen in den Mitgliedstaaten harmonisiert sein müssen. Eine Gemeinschaftswährung kann logischerweise nur ohne nachteilige Wirkungen funktionieren, wenn in allen Mitgliedstaaten, die den Euro einführen, gleiche ökonomische Bedingungen vorliegen. Aber auch dieser Harmonisierungsdruck führte nicht zu einer weiteren Harmonisierung der ökonomischen Bedingungen. Einige Mitgliedstaaten sind dem Harmonisierungsdruck ausgewichen und haben den Euro bisher nicht eingeführt.

Generell hat die EU die Harmonisierung und Integration zugunsten einer Expansion der Mitgliederzahl der EU vernachlässigt. Nach dem alten politischen Prinzip, innenpolitische Erfolglosigkeit durch außenpolitische Erfolge zu verschleiern, hat sich die EU über die Jahrzehnte von sechs auf achtundzwanzig Mitgliedstaaten erweitert. Damit konnten zwar immer Erfolge „gefeiert" werden,

---

[14] Vgl. Vertrag zur Gründung der Europäischen Wirtschaftsgemeinschaft vom 25.03.1957 (BGBl. 1957 II S. 766) (Römische Verträge), Artikel 8 in Verbindung mit Artikel 2 und 3
[15] Vgl. EuGH, 22.05.1985 – 13/83

ohne dass die Erfolglosigkeit bei der wichtigen Harmonisierung und Integration beachtet wurde. Dabei wurde auch übersehen, dass Harmonisierung und Integration mit wachsender Mitgliederzahl immer komplexer und schwieriger werden.

### 2.4.8 Schlussfolgerungen

Das Fazit aus dem bevorstehenden Brexit ist, dass in Großbritannien von vielen Bürgern die Meinung vertreten werden muss, Großbritannien könne für seine Bürger als Nichtmitglied der EU mehr Wohlstand schaffen, als als Mitglied der EU. Wenn diese Meinung in Großbritannien besteht, kann sie als offene Kritik an der EU interpretiert werden. Anderenfalls bestände kein Grund sich in einem Referendum für einen EU-Austritt auszusprechen.

Die Meinung der Bürger in Großbritannien kann sich aufgrund von Unzufriedenheit mit dem Wirtschaftssystem der EU und auch mit dem politischen System der EU gebildet haben. Die Unzufriedenheit ist offene Kritik, die konstruktive Veränderungen im Wirtschafts- und im politischen System verlangt.

Diese Veränderungen sind dringend notwendig, da der bevorstehende Brexit als Warnsignal anzusehen ist, dass die Ziele der EU nicht erfüllt werden. Die Zielerreichung ist aber dringend geboten, da Frieden und Sicherheit in Europa als die höchsten Güter einzustufen sind. Ohne diese Güter haben alle anderen zivilen Güter keinen Wert und ihre Nutzenstiftung ist deutlich eingeschränkt.

Der genaue Zeitpunkt des Brexit bleibt noch offen. Ebenso bleiben mögliche Auswirkungen noch offen. Über die Auswirkungen kann derzeit nur spekuliert werden. Erst wenn die Austrittsverhandlungen abgeschlossen sind und Regelungen bezüglich der zukünftigen Zusammenarbeit von EU und Großbritannien festgelegt wurden, können Auswirkungen des Brexit analysiert werden. Bisher gilt, es ist alles verhandelbar und daher auch möglich. Generell lässt sich vermuten, dass der Handel zwischen der EU und Großbritannien künftig aufwendiger (komplizierter) und teurer wird.

Es ist auch schwierig vorherzusagen, ob der Brexit zu einem Domino-Effekt führen wird und weitere Mitgliedstaaten der EU den Austritt wollen. Als Gegenmaßnahme zu einem Domino-Effekt gibt es die Reform der EU. An erster Stelle ist die Harmonisierung und Integration zu gewährleisten, um die Funktionsfähigkeit des Gemeinsamen Marktes zu sichern. Die Mitgliedstaaten der EU müssen gemeinsam mehr Wohlstand verwirklichen als es jeder Staat ohne die Mitgliedschaft in der EU könnte.

Außer der Gewährleistung von Harmonisierung und Integration sind das politische System zu verbessern sowie eine neue Wirtschaftsform und/oder ein neues Wirtschaftssystem zu entwickeln. Die Notwendigkeit ergibt sich aus der aktuellen Diskussion in vielen Mitgliedstaaten. Es wünschen sich nach einer Umfrage des Meinungsforschungsinstituts TNS Emnid im Auftrag der Bertelsmann-Stiftung aus dem Jahr 2010 90 Prozent der befragten Deutschen eine neue Wirtschaftsordnung.[16] Sie vertrauen nicht mehr auf die Selbstheilungskraft des Marktes zur Lösung der anstehenden Probleme in den Bereichen soziale Ungerechtigkeiten, Umweltschutz und wirtschaftliche Nutzung der knappen Ressourcen.

Auf die Möglichkeiten alternative Wirtschaftsformen und Wirtschaftssysteme zu entwickeln wird im folgenden Beitrag Bezug genommen.

## Literaturverzeichnis

EuGH, 22.05.1985 – 13/83

Europäische Union: Anzahl der Arbeitslosen in den Mitgliedstaaten im November 2016 (Das Statistik-Portal, de.statistica.com, abgerufen am 01.02.2017)

Eurostat: Tables, Graphs and Maps Interface (TGM) table (http://ec.europa.eu/euro-stat/tgm/table.do?tab=table&init=1&language=de& pcode=tec

Haake, K.: Deutsche wünschen sich neue Wirtschaftsordnung, in: Zeit online vom 15. August 2012

HM Government: The United Kingdom's exit from and a new partnership with the European Union, February 2017 (www.gov.uk/goverment/publications, abgerufen am 28.02. 2017)

Jackson, T.: Prosperity without Growth, London, Sterling (VA) 2009

Niedermeier, A./Ridder, W.: Das Brexit-Referendum: Hintergründe, Streitthemen, Perspektiven, Wiesbaden 2017

Vertrag über die Arbeitsweise der Europäischen Union (Konsolidierte Fassung), ABl.-EU C 326/47 vom 26.10.2012

Vertrag über die Europäische Union (Konsolidierte Fassung), ABl.-EU C 326/13 vom 26.10.2012

Vertrag zur Gründung der Europäischen Wirtschaftsgemeinschaft vom 25.03.1957 (BGBl. 1957 II S. 766) (Römische Verträge)

Witte, H. u.a.: Zur Abgrenzung von kleinen und mittleren Unternehmen in Deutschland und Japan, in: Shokei Ronso (Review of Commerce and Business; Zeitschrift für Handel und Wirtschaft, Kyushu Sangyo Universität, Fukuoka/Japan), Vol. 45 (2005), No. 3, S. 1 – 13

Witte, H.: Die Bestimmung der ökonomischen Integration in den Europäischen Gemeinschaften, Volkswirtschaftliche Schriften, Heft 355, Berlin 1985

---

[16] Vgl. Haake, K.: Deutsche wünschen sich neue Wirtschaftsordnung, in: Zeit online vom 15. August 2012

Witte, H.: Die nachhaltige Marktwirtschaft. Wohlstand ohne *self-made* Krisen? Berlin 2013 (Sustainable Market Economy. Welfare without self-made crises? Zürich 2015; La economía de mercado sustentable. Bienestar sin crisis autogenerades? Bahia Blanca 2016)

Witte, H.: Ist der Euro sicher? Ansatz einer neuen Geld- und Währungstheorie, Berlin 2015

## 2.5 Alternative Wirtschaftsformen und alternative Wirtschaftssysteme (Hermann Witte[1])

### 2.5.1 Einleitung

Die Suche nach alternativen Wirtschaftsformen und alternativen Wirtschaftssystemen ist nicht neu. Die Diskussion wird durch vier Fakten gestärkt: (1) Das Ergebnis einer Umfrage der Bertelsmann-Stiftung[2] nach der sich 90 Prozent der befragten Deutschen eine neue Wirtschaftsordnung wünschen, (2) den Brexit, der als Kritik am aktuellen Wirtschaftssystem der Europäischen Union bzw. in den Mitgliedstaaten der EU zu interpretieren ist, (3) den lange diskutierten Grexit und (4) diverse Wirtschaftskrisen in den letzten Jahren (Finanz-, Eurokrise etc.).

Um die Suche nach einer Alternative für die aktuelle Wirtschaftsform und das aktuelle Wirtschaftssystem erfolgreich zu gestalten, ist zunächst einmal festzustellen, was man unter einer Wirtschaftsform und was man unter einem Wirtschaftssystem versteht. Dann ist ein Überblick über die in der Literatur bekannten Wirtschaftsformen und Wirtschaftssysteme zu gegeben. Danach ist der Zusammenhang zwischen Wirtschaftsform, Wirtschaftssystem und politischem System zu identifizieren. Ferner sind Kombinationsmöglichkeiten von Wirtschaftsformen, Wirtschaftssystemen und politischen Systemen zu diskutieren. Bevor eine alternative Kombination von Wirtschaftsform, Wirtschaftssystem und politischem System gesucht wird, sind Schwächen der aktuellen Kombination von Wirtschaftsform, Wirtschaftssystem und politischem System aufzuzeigen. Die Schwächen sollen als Konstruktionsfehler bezeichnet werden. Der Begriff Konstruktionsfehler ist angebracht, da Menschen sich die Kombination von Wirtschaftsform, Wirtschaftssystem und politischen System durch die Formulierung von Regeln selbst konstruieren.

Schließlich soll die Entwicklung einer neuen alternativen Kombination von Wirtschaftsform, Wirtschaftssystem und politischem System in Angriff genommen werden. Die neue Kombination hat die aufgezeigten Schwächen der aktuellen Kombination zu vermeiden.

Inwieweit eine neue alternative Kombination von Wirtschaftsform, Wirtschaftssystem und politischem System, die theoretisch aufgezeigt, auch in der Praxis Bestand und Erfolg haben wird, muss offen bleiben. Der Wunsch vieler Bürger garantiert noch nicht, dass die herrschende Gruppe den Wunsch aufnimmt, erfüllt und eine neue Alternative verwirklicht. Selbst wenn es mit einer entspre-

---

[1] Dr. Hermann Witte, Professor für Allgemeine Betriebswirtschaftslehre, Logistik und Umweltökonomie, Hochschule Osnabrück (University of Applied Sciences), Campus Lingen, Institut für Management und Technik, Lingen/Germany
[2] Vgl. Haake, K.: Deutsche wünschen sich neue Wirtschaftsordnung, in: Zeit online vom 15. August 2012

chenden Zeitverzögerung (time lag) gelingen sollte, eine neue Alternative zu realisieren, ist nicht sicher, wie lange sie Erfolg haben wird. Es gilt die generelle Aussage, der Mensch ist in der Lage jedes System „ad absurdum" zu führen. Aus diesem Dilemma ist nur schwer bzw. gar nicht herauszukommen.

### 2.5.2 Alternative Wirtschaftsformen

Eine Literaturanalyse zeigt keine Einheitlichkeit hinsichtlich des Verständnisses des Begriffes Wirtschaftsform. Der Begriff wird sehr unterschiedlich ausgelegt. Eine Systematik lässt sich nicht erkennen. Bei der Definition des Begriffs Wirtschaftsform wird (1) davon ausgegangen wie produziert wird, (2) was produziert wird, (3) wie die Produktion weitergegeben (verteilt) wird, (4) welches Ziel mit der Produktionsweitergabe verfolgt wird, (5) wie das Ergebnis der Produktion ausfällt und (6) wie die Auswirkungen auf die Umwelt einzustufen sind (vgl. Tab. 1).

Tab. 1: Alternative Abgrenzungsmöglichkeiten von Wirtschaftsformen

| alternative Abgrenzungskriterien | Wirtschaftsform |
|---|---|
| Wie wird produziert | Siehe Tab. 2 |
| Was wird produziert | Siehe Tab. 2 |
| Wie wird die Produktion weitergegeben | Siehe Tab. 3 |
| Ziel der Weitergabe der Produktion | Siehe Tab. 4 |
| Wie fällt das Ergebnis der Produktion aus | Siehe Tab. 5 |
| Wie sind die Auswirkungen auf die Umwelt | Siehe Tab. 6 |

Quelle: eigene Darstellung

Gemäß der ersten Definition des Begriffs Wirtschaftsform wie produziert wird, lässt sich eine breite Spanne von Wirtschaftsformen aufzeigen (vgl. Abb. 1). Die Spanne geht von totaler Nichtproduktion bis zur totalen Produktion aller Güter. Von totaler Nichtproduktion ist zu sprechen, wenn die Menschen nur von Gütern leben, die ihnen die Natur bereitstellt.

Abb. 1: Spanne alternativer Wirtschaftsformen zwischen totaler Nichtproduktion und totaler Produktion

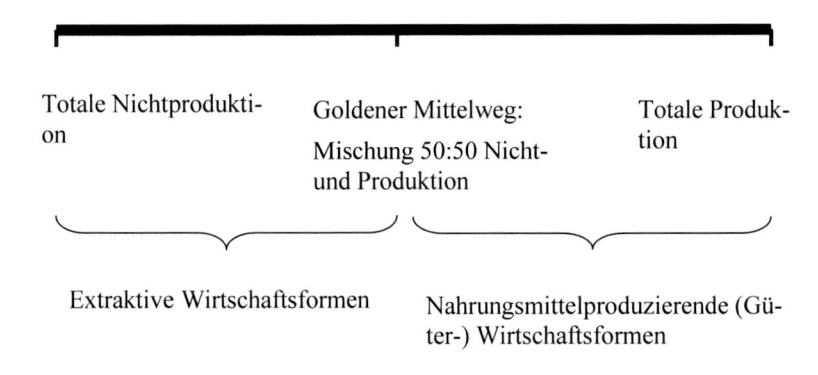

| Totale Nichtproduktion | Goldener Mittelweg: Mischung 50:50 Nicht- und Produktion | Totale Produktion |
|---|---|---|
| _____ | _____ | |
| Extraktive Wirtschaftsformen | Nahrungsmittelproduzierende (Güter-) Wirtschaftsformen | |

Quelle: eigene Darstellung

Bei der extremen Wirtschaftsform totale Nichtproduktion produziert der Mensch keine Güter, sondern lebt von den Gütern, die die Natur bereitstellt. Die Menschen sind Sammler, Fischer und Jäger. Eine Produktion von Hilfsmitteln (Instrumenten, Geräten u.ä.) für das Sammeln, Fischer und Jagen liegt nicht vor. Es wird im Prinzip von der Hand in den Mund gelebt.

Die Alternativen der produzierenden Wirtschaftsformen beginnen mit der Produktion von Instrumenten, Geräten u.ä., die der Mensch benutzt, um das Sammeln, Fischen und Jagen erfolgreicher zu gestalten. Es wird im Prinzip auch bei dieser Wirtschaftsform von der Hand in den Mund gelebt.

In der nächsten Entwicklungsstufe der Wirtschaftsformen erfolgt die Produktion von Nahrungsmitteln. Der Mensch macht sich damit unabhängiger von der Menge an Lebensmitteln, die ihm die Natur zur Verfügung stellt.

In einer weiteren Stufe der Wirtschaftsformen produziert der Mensch nicht mehr nur Lebensmittel, sondern Güter aller Art, die Nutzen stiften.

Zunächst hat der Mensch sich über die Verfügbarkeit der für die Produktion benötigten Rohstoffe/Ressourcen kaum bzw. gar keine Gedanken gemacht und mit nichterneuerbaren Rohstoffen/Ressourcen produziert.

Nachdem der Mensch die Begrenztheit vieler Rohstoffe/Ressourcen bemerkte, wurde die Produktion umgestellt und immer mehr mit erneuerbaren Rohstoffen produziert. Im Endstadium der ausschließlichen Produktion mit erneuerbaren Rohstoffen/Ressourcen kann von einer totalen Produktion gesprochen werden.

Der Mensch wird damit im Prinzip (fast) unabhängig von den Gütern, die ihm die Natur zur Verfügung stellt.

In den obigen Wirtschaftsformen werden die ersten beiden Kriterien für die Abgrenzung von Wirtschaftsformen, wie wird produziert und was wird produziert, zur Definition von Wirtschaftsformen herangezogen (vgl. Tab.2).

<u>Tab. 2:</u> Alternative Abgrenzungen von Wirtschaftsformen nach der Produktionsweise und dem Kriterium was wird produziert

| Produktionsweise | Wirtschaftsformen |
|---|---|
| Totale Nichtproduktion | Traditionelle Wirtschaftsformen |
| Produktion von Instrumenten etc. | Traditionelle Wirtschaftsformen |
| Produktion von Nahrungsmitteln | Traditionelle Wirtschaftsformen |
| Produktion von Gütern aller Art | Moderne Wirtschaftsformen |
| Produktion mit nichterneuerbaren Rohstoffen | Moderne Wirtschaftsformen |
| Produktion mit erneuerbaren Rohstoffen (totale Produktion) | Moderne Wirtschaftsformen |

Quelle: eigene Darstellung

Die in Tab. 2 dargestellten alternativen Wirtschaftsformen lassen sich jeweils in viele weitere Wirtschaftsformen unterteilen. In der Literatur ist eine Vielzahl von Wirtschaftsformen bekannt, die sich in eine oder mehrere der dargestellten Wirtschafsformen einordnen lassen (z.B. Subsistenzwirtschaft, Schenkwirtschaft). Es gibt allerdings auch einige Wirtschaftsformen in der Literatur, die sich in das in Tab. 2 dargestellt Schema nicht einordnen lassen und als Einzelform einzustufen sind (z.B. die Gartenwirtschaft).

Die dritte Möglichkeit der Definition von Wirtschaftsformen, ist die Abgrenzung nach der Form der Weitergabe der Produktion (vgl. Tab. 3). In der ersten Stufe dieser Abgrenzung der Wirtschaftsformen gibt es keine Weitergabe der produzierten Güter. Jeder Mensch produziert nur für seinen Eigenbedarf bzw. den Bedarf seiner Familie. Diese Wirtschaftsform wird als Subsistenzwirtschaft bezeichnet. Die Wirtschaftsform zeichnet sich dadurch aus, dass es keine Arbeitsteilung zwischen den Menschen gibt. Jeder produziert alle benötigten Güter.

In der zweiten Stufe erfolgt eine Weitergabe der produzierten Güter an andere Menschen. Es liegt Arbeitsteilung vor. Jeder spezialisiert sich auf die Produktion der Güter, die er am besten produzieren kann. Die Weitergabe der Güter erfolgt ohne eine zwingende Gegenleistung. Die Güter werden einseitig und/oder ge-

genseitig als Gaben bzw. Geschenke weitergegeben. Diese Wirtschaftsform wird als Schenkwirtschaft bezeichnet.[3]

In der dritten Stufe erfolgt die Weitergabe der produzierten Güter durch Tausch gegen andere Güter. Es liegt auch Arbeitsteilung und Spezialisierung vor. Diese Wirtschaftsform wird Tauschwirtschaft genannt. Einige Autoren führen aus, dass nicht alle frühen Gesellschaften Tauschwirtschaften waren. Sie vertreten die Meinung, dass es in vielen frühen Gesellschaften die Wirtschaftsform der Schenkwirtschaft gegeben hat.[4]

In der vierten Stufe wird die Weitergabe der produzierten Güter durch Bezahlung mittels Geld vorgenommen. In dieser Wirtschaftsform liegt ebenfalls Arbeitsteilung und Spezialisierung vor. Diese Wirtschaftsform wird als Geldwirtschaft bezeichnet. Oft wird auch von Verkehrswirtschaft gesprochen.[5] Diese Bezeichnung ist irreführend, da die moderne Wirtschaft einen Verkehrssektor aufweist, der für den Transport der produzierten Güter zwischen Anbieter und Nachfrager zuständig ist.

Tab. 3: Wirtschaftsformen in Abhängigkeit von der Weitergabe der Produktion

| Formen der Produktionsweitergabe | Wirtschaftsformen |
| --- | --- |
| Keine Weitergabe | Subsistenzwirtschaft |
| Ohne zwingende Gegenleistung | Schenkwirtschaft |
| Gegen ein anderes Gut | Tauschwirtschaft |
| Gegen Geld | Geldwirtschaft (Verkehrswirtschaft) |

Quelle: eigene Darstellung

Ein weiteres Abgrenzungskriterium für Wirtschaftsformen ist das Ziel, das mit der Weitergabe der Produktion angestrebt wird. In Tab. 4 sind drei grundsätzliche Wirtschaftsformen nach dem Ziel der Weitergabe der Produktion dargestellt. Zunächst ist die Bedarfswirtschaft (Subsistenzwirtschaft) zu erwähnen. Ziel der Produktionsweitergabe ist die Bedarfsdeckung. Als ein weiteres Ziel ist die Erzielung von Kostendeckung zu erwähnen. Die Wirtschaftsform wird als Ge-

---

[3] Vgl. u.a. Mauss, M.: Die Gabe. Form und Funktion des Austausches in archaischen Gesellschaften, Frankfurt am Main 1990 (Org.: Essai sur le don. Forme et raison de l'échange de les sociétés archaïques, Paris 1925), insbes. S. 50 – 77, 166 -175
[4] Vgl. u.a. Polanyi, K.: The Great Transformation, Politische und ökonomische Ursprünge von Gesellschaften und Wirtschaftssystemen, 12. Aufl., Sinzheim 2015( Frankfurt am Main 1978[1]), S. 76 ff.
[5] Vgl. Weber, M.: Grundriß der Sozialökonomik, III. Abt., Wirtschaft und Gesellschaft, Tübingen 1922, Kap. II, § 14. S. 86 - 88; Eucken, W.: Grundlagen der Nationalökonomie, 5. Aufl., Berlin, Göttingen, Heidelberg 1965 (Jena 1940[1]); Eucken, W.: Grundsätze der Wirtschaftspolitik, 7. Aufl., Tübingen 2004 (Tübingen 1952[1])

meinwirtschaft bezeichnet. Schließlich gibt es das vorherrschende Ziel der Gewinnerzielung. Man spricht in diesem Fall von Erwerbswirtschaft. In Extremfall soll nicht nur Gewinn erzielt werden, sondern auch der Gewinn maximiert werden.

Tab. 4: Wirtschaftsformen in Abhängigkeit vom Ziel der Weitergabe der Produktion

| Ziele der Produktionsweitergabe | Wirtschaftsformen |
|---|---|
| Bedarfsdeckung | Subsistenz- (Bedarfs-)wirtschaft |
| Kostendeckung | Gemeinwirtschaft |
| Gewinnerzielung | Erwerbswirtschaft |

Quelle: eigene Darstellung

Zieht man das Kriterium Erfolg des Wirtschaftens heran, so kann man drei grundsätzliche Wirtschaftsformen definieren (vgl. Tab. 5). In der ersten Stufe ist die Wirtschaftsform ineffizient (unwirtschaftlich). Die Wirtschaftlichkeit (definiert als Erlöse dividiert durch Kosten) ist kleiner eins. Da die Kosten größer sind als die Erlöse, lohnt sich das Produzieren nicht. Man kann von einer Mangelwirtschaft sprechen. Die Wirtschaftsform soll daher als negativ ineffizient bezeichnet werden.

In der zweiten Stufe liegt eine effiziente Wirtschaftsform vor. Die Wirtschaftlichkeit ist genau eins. Erlöse und Kosten sind gleich groß. Das Produzieren in dieser Wirtschaftsform lohnt sich und führt zur optimalen Versorgung der Bürger. Die Wirtschaftsform wird folglich optimale Versorgungswirtschaft genannt.

In der dritten Stufe ist die Wirtschaftsform wieder ineffizient. Die Wirtschaftlichkeit ist größer eins. Die Erlöse sind größer als die Kosten. Das Produzieren ist im Prinzip sehr lohnend. Es ist liegt dennoch Unwirtschaftlichkeit vor. Anders als in der ersten Stufe besteht jetzt in der Regel eine Überfluss- und Wegwerfwirtschaft. Es soll daher von einer positiv ineffizienten Wirtschaftsform gesprochen werden. Der Begriff positiv bezieht sich aber nur auf den Versorgungszustand der Bevölkerung. Die Unternehmen rechnen nur mit betriebsinternen Daten, so dass eine Wirtschaftlichkeit größer eins und ein Gewinn größer null ermittelt werden kann. Würde man aber auch die betriebsexternen Daten berücksichtigen (externe Kosten und Nutzen wie z.B. Umweltkosten) wäre die Wirtschaftlichkeit oft kleiner eins und die Unternehmen würden Verluste machen. Die Wirtschaftsform wäre ineffizient.

Tab. 5: Wirtschaftsformen in Abhängigkeit vom Ergebnis der Produktion

| Formen des Produktionsergebnisses | Wirtschaftsformen |
|---|---|
| Negativ ineffizient | Mangelwirtschaft |
| Effizient | Optimale Versorgungswirtschaft |
| Positiv ineffizient | Überfluss- und Wegwerfwirtschaft |

Quelle: eigene Darstellung

Die Berücksichtigung externer Effekte führt dann auch zur Abgrenzung von Wirtschaftsformen in Abhängigkeit nach der Wirkung des Produzierens auf die Umwelt (vgl. Tab. 6). Es können fünf Wirtschaftsformen unterschieden werden: umweltfeindlich bzw. umweltzerstörend, schwach umweltfreundlich, mittel umweltfreundlich, stark umweltfreundlich und total umweltfreundlich.

Tab. 6: Wirtschaftsformen in Abhängigkeit von der Wirkung auf die Umwelt

| Formen der Produktionswirkung auf die Umwelt | Wirtschaftsformen |
|---|---|
| Umweltfeindlich bzw. –zerstörend | Anti-Ökologiewirtschaft |
| Schwach umweltfreundlich | Schwach ökologische Wirtschaft |
| Mittel umweltfreundlich | Mittelstark ökologische Wirtschaft |
| Stark umweltfreundlich | Stark ökologische Wirtschaft |
| Total umweltfreundlich | Ökowirtschaft |

Quelle: eigene Darstellung

Die dargestellten Wirtschaftsformen können in unterschiedlichen Wirtschaftssystemen verwirklicht werden. Im Folgenden sind daher die alternativen Wirtschaftssysteme und die Kombinationsmöglichkeiten von Wirtschaftsform und Wirtschaftssystem zu behandeln.

## 2.5.3 Alternative Wirtschaftssysteme

Die alternativen Wirtschaftssysteme[6] werden in Abhängigkeit vom gesamtwirtschaftlichen Koordinationsmechanismus definiert. Es wird von zwei gesamtwirtschaftlichen Koordinationsmechanismen ausgegangen. Einerseits wird der Markt, auf dem Wettbewerb herrscht, als Koordinationsmechanismus herange-

---

[6] Vgl. zu einem Überblick Tuchtfeldt, E.: Wirtschaftssysteme, in: Handwörterbuch der Wirtschaftswissenschaft, 9. Bd., Stuttgart u.a. 1988, S. 326 – 353; Peters, H.-R.: Wirtschaftssystemtheorie und Allgemeinen Ordnungspolitik, 4. Aufl., München, Wien 2002, S. 1, 18 - 25

zogen und andererseits wird dem Staat die Koordination der Wirtschaft durch zentrale Planung zuerkannt (vgl. Abb. 2).

Wenn die beiden Koordinationsmechanismen jeweils in extremer Weise zum Tragen kommen, spricht man von Wirtschaftsordnungen. Die Extreme, die reine Marktwirtschaft und die totale Planwirtschaft (vgl. Abb. 2), sind in der Praxis noch nicht verwirklicht worden. Alle in der Praxis ausprobierten Wirtschaftssysteme basieren auf einer Mischung von beiden Koordinationsmechanismen (vgl. Tab. 7 und 8). Viele Wirtschaftswissenschaftler haben nach einer optimalen Mischung von Planung und Markt gesucht. Bekannt sind vor allem die Ansätze, einen „Dritten Weg"[7] zu finden. Ob dieser dritte Weg oder die optimale Mischung von Planung und Markt in der goldenen Mitte (goldener Mittelweg) bei 50 Prozent von jedem System liegt, bleibt bisher offen.

Abb. 2: Spanne alternativer Wirtschaftssysteme zwischen Planung und Markt

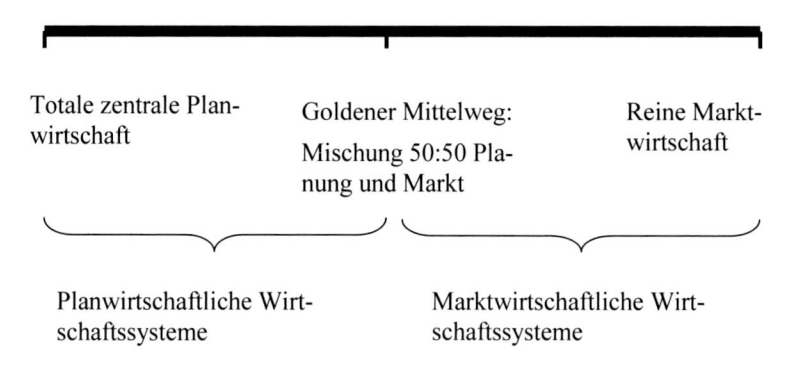

| Totale zentrale Planwirtschaft | Goldener Mittelweg: Mischung 50:50 Planung und Markt | Reine Marktwirtschaft |
|---|---|---|
| Planwirtschaftliche Wirtschaftssysteme | | Marktwirtschaftliche Wirtschaftssysteme |

Quelle: eigene Darstellung

Die Spanne bzw. die möglichen Mischungen von Planung und Markt für die Konstruktion von alternativen Wirtschaftssystemen sind in Abb. 2 dargestellt. Die beiden Extreme, die Wirtschaftsordnungen, wurden in Tab. 7 aufgelistet.

---

[7] Vgl. u.a. Sîk, O.: Der dritte Weg, Hamburg 1972; Hirscher, G./Sturm, R. (Hrsg.): Die Strategie des „Dritten Weges", München 2001

Tab. 7: Wirtschaftsordnungen

| Wirtschaftsordnung | Entscheidungsmechanismus |
|---|---|
| Totale (idealtypische) Planwirtschaft | Staatliche Planungsinstitution |
| Reine (idealtypische) Marktwirtshaft | Markt mit vollkommenem Wettbewerb |

Quelle: eigene Darstellung

Sowohl für die planwirtschaftlichen als auch für die marktwirtschaftlichen Systeme gibt es eine Vielzahl von Ausprägungen. Planwirtschaftliche Wirtschaftssysteme sind in Tab. 8 dargestellt. Marktwirtschaftliche Wirtschaftssysteme sind in Tab. 9 zu finden.

Die in Tab. 8 dargestellten Planwirtschaften (Zentralverwaltungswirtschaften, Zentralplanwirtschaften, Kommandowirtschaften) zeichnen sich alle durch zentrale Planung aus. Unterschiede bestehen hinsichtlich der Eigentumsverhältnisse. Die Eigentumsrechte können beim Staat (Staatssozialistische Planwirtschaft), der Gesellschaft (allen Bürgern) und/oder den Arbeitern liegen. Als Ergänzung zur zentralen Planung bzw. des zentralgeplanten Güterangebots gibt es eine geringe Anzahl privater Märkte, die sich weitgehend der zentralen Planung entziehen und das Güterangebot vergrößern. Als ergänzenden Entscheidungsmechanismus neben der zentralen Planung gibt es in diesen prinzipiellen Planwirtschaften die Marktentscheidung bei unvollkommenem Wettbewerb.

Tab. 8: Planwirtschaftliche Wirtschaftssysteme

| Wirtschaftssysteme | Entscheidungsmechanismus |
|---|---|
| Planwirtschaft mit Staatseigentum und privaten Märkten | Zentrale Planung und Markt mit unvollkommenem Wettbewerb |
| Planwirtschaft mit Gesellschaftseigentum und privaten Märkten | Zentrale Planung und Markt mit unvollkommenem Wettbewerb |
| Planwirtschaft mit Arbeitereigentum und privaten Märkten | Zentrale Planung und Markt mit unvollkommenem Wettbewerb |
| Sozialistische Marktwirtschaft | Zentrale Planung und Markt mit unvollkommenem Wettbewerb |

Quelle: eigene Darstellung

Schließlich ist die Sozialistische Marktwirtschaft (z.B. China) zu erwähnen. Es handelt sich dabei um ein Wirtschaftssystem einer sozialistischen Planwirtschaft, die sich marktwirtschaftlichen Prinzipien geöffnet hat und sich eventuell auf dem Transformationsweg zur Marktwirtschaft befindet.

In Tab. 9 sind die verschiedenen marktwirtschaftlichen Wirtschaftssysteme aufgelistet. Im Gegensatz zu den planwirtschaftlichen Wirtschaftssystemen von denen es in der Praxis in der Regel mehr als eine Variante gibt bzw. gab, sind die marktwirtschaftlichen Wirtschaftssysteme in der Mehrzahl nicht in der Praxis erprobt worden. Es handelt sich um theoretisch beschriebene Wunschvorstellungen der jeweiligen Autoren.

Die freie Marktwirtschaft dürfte das marktwirtschaftliche Wirtschaftssystem sein, das in der Praxis am häufigsten realisiert wurde und entsprechend viele Varianten aufweist. Die Soziale Marktwirtschaft wurde zunächst in der Bundesrepublik Deutschland verwirklicht. Heute ist es das Wirtschaftssystem der Europäischen Union und ihrer Mitgliedstaaten.[8] Die Sozialistische Marktwirtschaft hat ebenfalls verschiedene Varianten. In ehemals sozialistischen Planwirtschaften sind diese Varianten - zum Teil als Übergangsmodelle - zu finden. Zur Zeit der deutschen Wiedervereinigung entstand die Idee einer Ökosozialen Marktwirtschaft. Sie wurde als komplettes Wirtschaftssystem nie verwirklicht. Die Idee fand allerdings Eingang ins Grundgesetz der Bundesrepublik Deutschland, so dass die Soziale Marktwirtschaft um die Öko-Komponente erweitert wurde.[9]

Die Humane Marktwirtschaft, die Ethische Marktwirtschaft, die Zivilisierte Marktwirtschaft und die Nachhaltige Marktwirtschaft sind theoretische Konzeptionen, die bisher noch keinen spürbaren Einfluss auf die Ausgestaltung eines realen Wirtschaftssystems haben.

---

[8] Vgl. Vertrag über die Europäische Union (Konsolidierte Fassung), ABl.-EU C 326/13 vom 26.10.2012, Art. 3 Satz 3
[9] Vgl. Grundgesetz für die Bundesrepublik Deutschland (GG) vom 23.05.1949 in der Fassung vom 11. Juli 2012 (BGBl. I S. 1478), Art. 20a

Tab. 9: Marktwirtschaftliche Wirtschaftssysteme

| Wirtschaftssysteme | Entscheidungsmechanismus |
|---|---|
| Freie Marktwirtschaft | Markt mit unvollkommenem Wettbewerb und staatlicher Rahmenplanung |
| Soziale Marktwirtschaft | Markt mit unvollkommenem Wettbewerb und Kooperation sowie staatlicher Rahmenplanung und Sozialleistungen |
| Ökosoziale Marktwirtschaft | Markt mit unvollkommenem Wettbewerb, Kooperation und ökologischer Komponente |
| Humane Marktwirtschaft | Markt mit unvollkommenem Wettbewerb und humaner Komponente |
| Ethische Marktwirtschaft | Markt mit unvollkommenem Wettbewerb und ethischer Komponente |
| Zivilisierte Marktwirtschaft | Markt mit unvollkommenem Wettbewerb und zivilisierter Komponente |
| Nachhaltige Marktwirtschaft | Markt mit Kooperation und sozialer, ökologischer und ökonomischer Nachhaltigkeit |
| Sozialistische Marktwirtschaft | Markt mit unvollkommenem Wettbewerb, Kooperation und dezentraler Planung |

Quelle: eigene Darstellung

Die freie Marktwirtschaft geht auf die klassische Nationalökonomie (u.a. Adam Smith[10]). Sie zeichnet sich durch eine staatliche Rahmenplanung, unvollkommenen Wettbewerb und wenige staatliche Eingriffe in den Wirtschaftsablauf aus. Eine abschließende Auflistung der staatlichen Aufgaben ist nicht gelungen. Die verschiedenen Autoren sehen ein unterschiedliches Aufgabenspektrum des Staates. Im Extremfall kommt dem Staat lediglich die Aufgabe der Landesverteidigung zu.

Die Soziale Marktwirtschaft[11] geht auf Müller-Armack und Ludwig Ehrhard zurück. Müller-Armack gilt als der Theoretiker, während Ehrhard die Soziale Marktwirtschaft in der Praxis durchgesetzt hat. Die Soziale Marktwirtschaft basiert auf unvollkommenen Wettbewerb und staatlicher Rahmenplanung. Die unerwünschten Nebenwirkungen (Zielverfehlungen) sollen durch Kooperation und Sozialpolitik (Umverteilungspolitik) korrigiert werden. Die Soziale Marktwirtschaft in der Bundesrepublik Deutschland galt früher als Unikat. Mittlerweile ist

---

[10] Vgl. Smith, A.: Untersuchung über Wesen und Ursachen des Reichtums der Völker, 1. Bd. (aus dem Englischen übersetzt von M. Streissler, hrsg. v. E.W. Streissler), Düsseldorf 1999 (Org.: 1776)
[11] Vgl. Müller-Armack, A.: Genealogie der Sozialen Marktwirtschaft, 2. Aufl., Bern, Stuttgart 1981 (1974¹); Erhard, L.: Wohlstand für Alle, 8. Aufl., Bonn 1964 (Düsseldorf 1957¹)

die Soziale Marktwirtschaft von der EU[12] und damit den anderen EU-Mitgliedstaaten übernommen worden.

Die Öko-Soziale Marktwirtschaft[13] ist eine Weiterentwicklung der Sozialen Marktwirtschaft. Die Basis bilden die umweltorientierte Forschung[14] und die Soziale Marktwirtschaft. Die Notwendigkeit, die Soziale Marktwirtschaft um die Umweltkomponente zu erweitern, wurde von vielen Autoren gesehen. Der Ansatz geht davon aus, die im Konzept der Sozialen Marktwirtschaft nicht berücksichtigten externen Effekte (vor allem Umweltkosten und –nutzen) zu internalisieren. Ziel ist es, das lediglich auf betrieblichen Kosten- und Nutzen (Erlösen) basierende ökonomische Kalkül mit Gewinnmaximierung zu korrigieren, um ein umweltbewusstes Handeln der Wirtschaftseinheiten zu erwirken und die Umwelt zu schützen. Die ökosoziale Marktwirtschaft ist im Grundgesetz der Bundesrepublik Deutschland in Artikel 20a verankert worden.[15]

Die Humane Marktwirtschaft[16] ist ebenfalls eine Weiterentwicklung der Sozialen Marktwirtschaft. Basis ist folglich die Soziale Marktwirtschaft. Dazu kommen aber noch weitere Denkansätze. Grundlage ist vor allem der Humanismus, der den Menschen in den Mittelpunkt aller Überlegungen stellt. Der Mensch wird vielseitig gesehen und nicht nur auf ein auf Erfolg bzw. Profit maximierendes Wesen reduziert. Um eigenverantwortlich im Sinne der Menschheit und der Umwelt handeln zu können, benötigt der Mensch eine entsprechende Ausbildung, die es zu fördern gilt.

Die Ethische Marktwirtschaft[17] ist ein Konzept, das die Schwächen der Sozialen Marktwirtschaft, die ständig zu Krisen aller Art führen, überwinden will. Das Konzept basiert auf der Stärkung der regionalen und lokalen Wirtschaft, da eine globale Wirtschaft nicht kontrollierbar ist und zu regionalen sowie lokalen Benachteiligungen führt.

Bei der Zivilisierten Marktwirtschaft[18] handelt es sich um ein Konzept einer lebensdienlichen Marktwirtschaft mit einer globalen Komponente. Die Wirtschaft

---

[12] Vgl. Vertrag über die Europäische Union …, Art. 3 Satz 3
[13] Vgl. Wicke, L./Maizière, L. de/Maizière, T. de: Öko-Soziale Marktwirtschaft für Ost und West. Der Weg aus der Wirtschafts- und Umweltkrise, München, Nördlingen o.J. (1990); Eichhorn, P.: Ökosoziale Marktwirtschaft. Ziele und Wege, Wiesbaden 1995
[14] Vgl. u.a. Meadows, D./Meadows, D./Zahn, E./Milling, P.: Die Grenzen des Wachstums. Bericht des Club of Rome zur Lage der Menschheit, 17. Aufl., Stuttgart 2000 (1972$^1$); Meadows, D./Randers, J./Meadows, D.: Limits to Growth. The 30-year update, White River Junction, VT 2004
[15] Vgl. Grundgesetz für die Bundesrepublik Deutschland (GG) vom 23.05.1949 in der Fassung vom 11. Juli 2012 (BGBl. I S. 1478)
[16] Vgl. Nießlein, E.: Humane Marktwirtschaft. Ökonomische Aspekte der Umweltpolitik, Freiburg (Breisgau) 1981
[17] Vgl. Ruh, H.: Ordnung von unten. Die Demokratie neu erfinden, Zürich 2011
[18] Vgl. Ulrich, P.: Zivilisierte Marktwirtschaft, Bern 2010 (2005$^1$)

wird an die Menschenrechte und die Demokratie gekoppelt. Von den Wirtschaftsakteuren wird soziale und ökologische Verantwortung gefordert.

Die Nachhaltige Marktwirtschaft[19] zu beschreiben, ist nicht ganz einfach, da es in der Literatur unterschiedliche Ansätze gibt. Es wird hier nur auf einen Ansatz Bezug genommen.[20] Die Nachhaltige Marktwirtschaft basiert auf der Vorstellung der Vereinten Nationen von einem weltweiten nachhaltigen Entwicklungsprozess, der auf die drei Komponenten (Säulen) soziale, ökologische und ökonomische Nachhaltigkeit ausgelegt ist.[21] Unter sozialer Nachhaltigkeit wird der Ausgleich (Gleichgewicht) zwischen den Generationen verstanden. Die ökologische Nachhaltigkeit ist gegeben, wenn ein Ausgleich (Gleichgewicht) von Ökologie und Ökonomie hergestellt ist. Die ökonomische Nachhaltigkeit fordert einen Ausgleich von „arm" und „reich". Es lässt sich zeigen, dass die alte, bereits in vielen Ansätzen vertretene Forderung nach einem Ausgleich von „arm" und „reich" im ökonomischen Gleichgewicht gegeben ist.[22] Auf der Basis praxisbezogener Gleichgewichtsmodelle, die ohne unrealistische Bedingungen wie vollkommene Konkurrenz und ohne hohe Mathematik auskommen, kann eine für Unternehmen leicht anwendbare Preis-Lohn-Regel abgeleitet werden, die ökonomische Gleichgewichte sichert. Ausgangspunkt der Modelle ist die in der Ökonomie altbekannte und allgemein akzeptierte Formel für die Wirtschaftlichkeit, aus der sich eine wertbezogene Produktionsfunktion ableiten lässt. Mit Hilfe dieser wertbezogenen Produktionsfunktion lassen sich Unternehmensgleichgewichte aufzeigen. Wenn alle Unternehmen (Wirtschaftseinheiten) im Gleichgewicht sind, ist es auch der Markt.

Es ist als kurios zu bezeichnen, dass auf der Basis einer in den „Mainstream Economics" anerkannten einfachen Formel ökonomische Gleichgewichte abgeleitet werden können, die zu Schlussfolgerungen führen, die den Erkenntnissen und der Vorgehensweise der „Mainstream Economics" widersprechen.

Es treten folgende Widersprüche auf: (1) es ist nur einfache Mathematik erforderlich, (2) ökonomische Gleichgewichte werden von unten aus den einzelnen Unternehmen abgeleitet und nicht von oben aus dem Gesamtmarkt, (3) ökonomische Gleichgewichte werden mengen- und wertbezogen definiert und nicht nur mengen- oder wertbezogen, (4) es werden keine besonderen Bedingungen für Markt und Wettbewerb unterstellt, (5) es gibt kein Sparen, keine Subventionen und keine Staatsverschuldung, (6) eine stationäre Wirtschaft zeigt sich stabiler als eine wachsende oder schrumpfende, (7) im stabilen Gleichgewicht werden systeminterne Krisen vermieden und (8) statt Wettbewerb oder einer zufäl-

---

[19] Vgl. Hauff, M.v.: Von der Sozialen zur Nachhaltigen Marktwirtschaft, in: ders. (Hg.): Zukunftsfähigkeit der Sozialen Marktwirtschaft, Marburg 2007, S. 349 – 392; Witte, H.: Die nachhaltige Marktwirtschaft …
[20] Vgl. Witte, H.: Die nachhaltige Marktwirtschaft …
[21] Vgl. Hauff, V. (Hrsg.): Unsere gemeinsame Zukunft. Der Brundtland-Bericht, Greven 1987
[22] Vgl. Witte, H.: Die nachhaltige Marktwirtschaft …, S. 120 - 144

ligen und unbegründeten Mischung von Wettbewerb und Kooperation gibt es nur Kooperation.

Als Gegenleistung für diese Widersprüche gibt es endlich den schon häufig angestrebten Ausgleich von arm" und „reich" und eine stationäre Wirtschaft ohne systembedingte Krisen. Gegenleistungen, die die „Mainstream Economics" bisher nicht liefern konnten.

Die Sozialistische Marktwirtschaft ist ein Übergangssystem zwischen den markt- und den planwirtschaftlichen Wirtschaftssystemen. Das System ist daher auch in Tab. 8 aufgelistet. Alle sozialistischen Planwirtschaften, die sich seit dem Aufbrechen des Ostblocks in einen Transformationsprozess zur Marktwirtschaft begeben haben, können als Varianten der Sozialistischen Marktwirtschaft bezeichnet werden. Es sind Mischsysteme, die sich noch durch sozialistische und planwirtschaftliche Elemente aber auch schon durch demokratische marktwirtschaftliche Elemente auszeichnen. Die Struktur der Varianten der Sozialistischen Marktwirtschaften ist von den Vorgängersystemen, einer planwirtschaftlichen Variante (s. Tab. 8), geprägt.

Im folgenden Abschnitt ist die Kombination von Wirtschaftssystem und politischem System zu diskutieren. Erst danach soll eine alternative Kombination von Wirtschaftsform und Wirtschaftssystem erörtert werden, die zu einem alternativen Wirtschaftssystem führt.

### 2.5.4 Kombinationen von Wirtschaftssystemen und politischen Systemen

Die bekannten politischen Systeme lassen sich auf einer Geraden darstellen (vgl. Abb. 3). Am Ende der Geraden auf der rechten Seite ist die Anarchie angesiedelt. Es handelt sich dabei um einen Extremfall, in dem es keinen Staat gibt. Alle Aufgaben übernehmen die Bürger. Ob es Anarchie in der Praxis gegeben kann, ist umstritten. Eigentlich ist eine staatliche Organisation notwendig, da sonst die gesellschaftliche Kooperation der Bürger nicht gesichert ist.[23]

---

[23] Vgl. Mises, L.v.: Kritik des Interventionismus, Darmstadt 1976 (Stuttgart 1929¹), S. 3

Abb. 3: Spanne alternativer politischer Systeme zwischen Diktatur und Anarchie

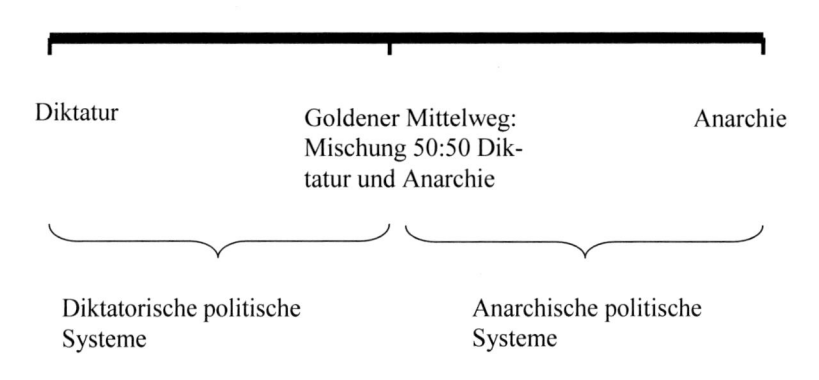

```
|─────────────────────────┬─────────────────────────|
Diktatur          Goldener Mittelweg:           Anarchie
                  Mischung 50:50 Dik-
                  tatur und Anarchie
_____/ _____/
  Diktatorische politische     Anarchische politische
  Systeme                      Systeme
```

Quelle: eigene Darstellung

Auf der linken Seite der Geraden wäre die Diktatur abzutragen. Sie ist ein realistischer Extremfall, in dem die Bürger keinen Einfluss auf die Staatsführung haben. Ein Diktator und seine Clique treffen alle Entscheidungen. Als Mittelweg zwischen Anarchie und Diktatur kann man die Demokratie ansehen. In der Demokratie geht die Macht für Entscheidungen von Volk aus. Das Volk wählt in gleichen und geheimen Wahlen Vertreter (Politiker), die die Entscheidungen treffen.

Die Diktatur und die Demokratie lassen sich in verschiedene Unterform gliedern. Das soll hier nicht geschehen, da das Ziel des Beitrags die Auffindung einer alternativen Kombination von Wirtschaftsform und Wirtschaftssystem ist. Die Entwicklung eines neuen politischen Systems steht in diesem Rahmen nicht zur Diskussion. Damit soll nicht geleugnet werden, dass in der Literatur durchaus Ansätze zu finden sind, die für ein neues politisches System plädieren und es auch suchen.

In diesem Rahmen soll lediglich gezeigt werden, dass es zwischen politischem System und Wirtschaftssystem durchaus eine Verbindung gibt. In der Regel wird immer behauptet, die Diktatur erfordere eine Planwirtschaft und die Demokratie sein mit der Marktwirtschaft verbunden (vgl. Tab. 10). Entsprechend müsste auch die Anarchie mit der Marktwirtschaft gekoppelt sein. Da es aber von der Diktatur und der Demokratie viele Unterformen gibt, muss die behauptete Koppelung eines politischen Systems an ein bestimmtes Wirtschaftssystem nicht für alle Unterformen Gültigkeit haben.

Tab. 10: Kombinationen von politischen und Wirtschaftssystemen

| Politisches System | Wirtschaftssystem |
|---|---|
| Diktatur | Planwirtschaft |
| Demokratie | Marktwirtschaft |
| Anarchie | Marktwirtschaft |

Quelle: eigene Darstellung

## 2.5.5 Kombinationen alternativer Wirtschaftsformen und alternativer Wirtschaftssysteme

Für das Auffinden neuer und besserer Kombinationen von Wirtschaftsform und Wirtschaftssystem wird unterstellt, dass das politische System eine Form der Demokratie ist. Welche genaue Unterform der Demokratie vorliegt, bleibt offen, da auch bezüglich der Demokratie Veränderungen in der Diskussion sind. Zudem kann für die bessere Kombination von Wirtschaftsform und Wirtschaftssystem davon ausgegangen werden, dass die alternative Kombination drei Bedingungen erfüllen muss: (1) sie soll sozial ausgewogen sein, (2) sie soll ökologischen Ansprüchen genügen und (3) sie soll ökonomisch so ausgelegt sein, dass alle Bürger am Produktionsergebnis (Wohlstand) ausgewogen teilhaben. Diese Bedingungen entsprechen dem aktuellen Zeitgeist.

Es sollen nicht alle oben aufgelisteten Wirtschaftsformen und Wirtschaftssysteme miteinander kombiniert werden. Bei den Wirtschaftsformen erfolgt eine Beschränkung auf die Wirtschaftsformen, die nach dem Kriterium Weitergabe der Produktion (vgl. Tab. 4) und Ergebnis (Erfolg) der Produktion (vgl. Tab. 5) abgegrenzt wurden. Die Wirtschaftssysteme werden auf die drei grundlegenden Kategorien kein Wirtschaftssystem, Marktwirtschaft und Planwirtschaft begrenzt.

In Tab. 11 sind zunächst die Wirtschaftsformen, die sich nach dem Kriterium Weitergabe der Produktion abgrenzen lassen, mit den drei grundlegenden Kategorien von Wirtschaftssystemen kombiniert. Es wird davon ausgegangen, dass in einer Subsistenzwirtschaft und in einer Schenkwirtschaft kein bestimmtes Wirtschaftssystem vorliegen muss. Die Tauschwirtschaft und die Geldwirtschaft können sowohl in einer Marktwirtschaft als auch in einer Planwirtschaft vorkommen. Wobei die Geldwirtschaft in einer realen Planwirtschaft in der Regel eingeschränkt ist, da Planwirtschaften zum Sozialismus tendieren und der Sozialismus nicht unbedingt die Geldwirtschaft favorisiert.

Tab. 11: Matrix alternativer Wirtschaftsformen und Wirtschaftssysteme

|  | kein Wirtschaftssystem | Marktwirtschaft | Planwirtschaft |
|---|---|---|---|
| **Subsistenzwirtschaft** | X | | |
| **Schenkwirtschaft** | X | | |
| **Tauschwirtschaft** | | X | X |
| **Geldwirtschaft** | | X | X |

Quelle: eigene Darstellung

Da heutzutage im Prinzip alle realen Wirtschaftssysteme mit der Geldwirtschaft kombiniert sind, ist die Geldwirtschaft näher zu betrachten. Es ist zu prüfen, welche Unterformen die Geldwirtschaft hat und auf welcher Geldtheorie sie basieren. Die entsprechenden Kombinationen der Formen der Geldwirtschaft und der Geldtheorien sind in Tab. 12 dargestellt.

Zunächst kann es eine reine Bargeldwirtschaft geben. Es liegt dann eine Geldwirtschaft vor, in der es außer Bargeld keine anderen Formen von Geld, wie z.B. Buchgeld, gibt. Es ist die Urform der Geldwirtschaft, die heute in industrialisierten Ländern nicht mehr vorkommt. Diese Form der Geldwirtschaft ist mit allen drei Hauptrichtungen der Geldtheorie, der Quantitätstheorie, der Geldtheorie von Keynes und dem Monetarismus, kompatibel.

Die zweite Variante der Geldwirtschaft ist eine Mischung von Bar- und Buchgeld (Giralgeld), wie sie im Prinzip heute in allen industrialisierten Ländern existiert. Das Mischungsverhältnis von Bar- und Buchgeld wird hier offen gelassen. Das aktuelle Mischungsverhältnis von Bar- und Buchgeld ist von Staat zu Staat unterschiedlich. In der Bundesrepublik Deutschland und in der Europäischen Währungsunion (EWU) liegt der Bargeldanteil derzeit bei etwa 10 Prozent.[24] Auch diese Form der Geldwirtschaft ist mit allen drei Hauptrichtungen der Geldtheorie kompatibel (vgl. Tab. 12).

---

[24] Vgl. Witte, H.: Ist der Euro sicher? ..., S. 157

Tab. 12: Matrix alternativer Geldwirtschaften

|  | Quantitätstheorie | Keynes Theorie | Monetarismus |
|---|---|---|---|
| Bargeldwirtschaft | X | X | X |
| Bar- und Buchgeldwirtschaft | X | X | X |
| Buchgeldwirtschaft | X | X | X |
| Geldwirtschaft nur mit Recheneinheitsfunktion | X | X | X |
| Geldwirtschaft mit Preisen von „Null" | X | X | X |

Quelle: eigene Darstellung

In der Entwicklung der Geldwirtschaften von der Bargeldwirtschaft zur gemischten Bar- und Buchgeldwirtschaft kann es durchaus auch zu einer reinen Buchgeldwirtschaft kommen. Die elektronischen Systeme mit Karten- bzw. Plastikgeld lassen eine entsprechende Entwicklungstendenz erahnen. Auch diese Form der Geldwirtschaft wäre mit allen drei Hauptrichtungen der Geldtheorie kompatibel.

Schließlich müssen noch zwei Geldwirtschaften erwähnt werden. Es sind die Geldwirtschaft mit nur einer Geldfunktion und die Geldwirtschaft mit Preisen von „Null". Geld hat bekanntlich drei Funktionen, die Recheneinheitsfunktion, die Zahlungsfunktion und die Wertaufbewahrungsfunktion. Es lässt sich zeigen, dass eine Geldwirtschaft auch funktioniert, wenn Geld nur die Recheneinheitsfunktion zuerkannt wird.[25] Ein weitergehender Gedanke führt zu einer Geldwirtschaft mit Preisen von „Null".[26] Die Recheneinheitsfunktion des Geldes wird dann auf nur einen Preis, den Preis von „Null" begrenzt. Beide Formen der Wirtschaft sind im Prinzip mit allen drei Hauptrichtungen der Geldtheorie kompatibel. Diese Aussage gilt, auch wenn sich diese Formen der Geldwirtschaft nicht aus diesen Theorie ableiten lassen, da sie ein ökonomisches Gleichgewicht voraussetzen.

In Tab.13 sind schließlich die Wirtschaftsformen, die sich nach dem Kriterium Erfolg der Produktion abgrenzen lassen, mit den drei grundlegenden Kategorien der Wirtschaftssysteme kombiniert.

---

[25] Vgl. Witte, H.: Ist der Euro sicher? ..., S. 124 f.
[26] Vgl. Cassel, G.: Theoretische Sozialökonomie, 6. Aufl., Darmstadt 1968 (Leipzig 1918¹), S. 121 – 137, insbes. S. 136 f.

Die Mangelwirtschaft ist im Prinzip mit allen drei grundlegenden Kategorien der Wirtschaftssysteme kompatibel. In der Realität gibt bzw. gab es allerdings überwiegend Kombinationen von Mangelwirtschaft mit Wirtschaften ohne Wirtschaftssystem und Planwirtschaften. Partielle Mangelsituationen in Marktwirtschaft sind durchaus real.

Tab. 13: Matrix des Ergebnisses alternativer Wirtschaftssysteme

|  | kein Wirtschaftssystem | Marktwirtschaft | Planwirtschaft |
|---|---|---|---|
| **Mangelwirtschaft** | X | X | X |
| **Sättigungswirtschaft** |  | X |  |
| **Überfluss- und Wegwerfwirtschaft** |  | X |  |
| **nachhaltige Wirtschaft** |  | X |  |

Quelle: eigene Darstellung

Die Sättigungswirtschaft, die Überfluss- und Wegwerfwirtschaft und die nachhaltige Wirtschaft sind hingegen in der Regel nur mit Marktwirtschaften kombiniert.

Als Fazit der Darstellung der Kombinationen von ausgewählten Wirtschaftsformen und den grundlegenden Kategorien von Wirtschaftssystemen ergibt sich, dass mit diesen Kombinationen ein Streubereich für alterative Kombinationen von Wirtschaftsformen und Wirtschaftssystemen aufgezeigt wurde. In diesem Streubereich müsste eine neue Kombination gefunden werden können, die Schwächen alter Kombinationen überwindet. Der Prozess zur Auffindung der optimalen Kombination erfordert einen entsprechenden Forschungsinput (ein Forschungsprojekt), um die Vor- und Nachteile sowie die Auswirkungen der aufzeigten Kombinationen zu identifizieren. Danach kann die optimale Kombination ausgewählt und im Detail ausgearbeitet werden.

### 2.5.6 Konstruktionsfehler der aktuellen Kombination von Wirtschaftsform und Wirtschaftssystem

Um eine optimale Kombination von Wirtschaftsform und Wirtschaftssystem zu identifizieren und konkret auszugestalten, müssen die Konstruktionsfehler der alten Kombinationen bekannt sein. Dazu ist ebenfalls Forschungsinput zu leisten, der in diesem Rahmen nicht erfolgen kann. Das oben angedeutete Forschungsprojekt hat dies mit zu leisten. Hier kann nur global auf mögliche Konstruktionsfehler eingegangen werden.

Die rechtsstaatliche Demokratie überzeugt nicht in jeder Hinsicht. Der Bildungsstandard der Bürger hat in den letzten Jahrzehnten deutlich zugenommen. Damit ist auch der Anspruch an eine rechtsstaatliche Demokratie gewachsen. Das alte politische System der rechtsstaatlichen Demokratie muss daher angepasst werden. Die Rechts- und Demokratiedefizite, die aufgrund der gestiegenen Anforderungen des bereits vor langer Zeit von der Politik für mündig erklärten Bürgers, müssen identifiziert und in ein angepasstes System eingebracht werden. Eine weitere Verfolgung dieses Gedankens sprengt allerdings das Ziel dieses Beitrags und ist an anderer Stelle zu verfolgen.

Hier ist eine Beschränkung auf die grobe Identifizierung der Konstruktionsfehler der aktuellen Kombination von Wirtschaftsform und Wirtschaftssystem geboten.[27]

Das aktuelle Wirtschaftssystem ist eine soziale Marktwirtschaft mit Rahmenplanung bei unvollkommenem Wettbewerb und Kooperation sowie einer sozialen Komponente in Form einer Sozial- bzw. Umverteilungspolitik und einer Umweltkomponente in Form einer nicht absolut starken Umweltpolitik. Die Wirtschaftsform ist eine Geldwirtschaft mit einer Mischung von Bar- und Buchgeld sowie der Produktion mit nicht- und erneuerbaren Rohstoffen bei Gewinnerzielung. Des Weiteren handelt es sich um eine Überfluss- und Wegwerfwirtschaft, die logischerweise ineffizient und schwach bis mittelstark umweltfreundlich aber nicht nachhaltig ist.

Ein Konstruktionsfehler der beschriebenen Kombination von Wirtschaftssystem und Wirtschaftsform ist, dass es Unternehmen mit unterschiedlichen Rechtsformen gibt. Dadurch ergibt sich eine Ungleichstellung im Wettbewerb und bei der Gewinnerzielung. Es gibt drei große Gruppen von Unternehmen: die öffentlichen, die privaten und die gemeinwirtschaftlichen Unternehmen. Für jede dieser drei Grundformen ist eine Vielzahl von Rechtsformen bekannt. Es ist logisch, dass Wettbewerb mit unterschiedlichen Voraussetzungen nicht optimal funktionieren kann. Die privaten Unternehmen, die keine Einschränkung hinsichtlich der Gewinnerzielung haben, müssen den Unternehmen im Wettbewerb überlegen sein, die an der Versorgung der Bevölkerung orientiert sind und folglich hinsichtlich der Gewinnerzielung im Recht fixierte Einschränkungen akzeptieren müssen.

Neben der Ungleichstellung der Unternehmen im Wettbewerb ist zu bemerken, dass der Wettbewerb auf den verschiedenen Märkten nicht gleich geartet ist. Im Prinzip liegt unvollkommener Wettbewerb vor. Die vielen Spielarten des un-

---

[27] Zu weiteren Kritikpunkten an aktuellen Wirtschaftssystemen vgl. u.a. Corneo; G.: Bessere Welt. Hat der Kapitalismus ausgedient? Eine Reise durch alternative Wirtschaftssysteme, Berlin 2014; Böhme, G. (Hg.): Alternative Wirtschaftsformen, Bielefeld 2012, insbes. S. 19 – 50; Cockshott, W.P./Cottrell, A.: Alternativen aus dem Rechner. Für sozialistische Planung und direkte Demokratie, 2. Aufl., Köln 2012 (2006¹), insbes. S. 26 - 42

vollkommenen Wettbewerbs haben aber zur Folge, dass die Unternehmen unterschiedlich erfolgreich hinsichtlich der Gewinnerzielung gestellt sind. Zudem wird häufig bezweifelt, dass die Gewinnerzielung die beste Option für die Ausrichtung von Unternehmen ist. In der Literatur wird auch das Kostendeckungsprinzip als Unternehmensziel vertreten. Hinsichtlich der Wettbewerbspolitik ist weiterhin zu bemängeln, dass das Verhältnis von Wettbewerb und Kooperation im Gesetz den Wettbewerbsbeschränkungen nicht eindeutig geregelt ist. Einerseits ist Kooperation verboten, aber andererseits im Ausnahmefall zugelassen. Ein klare Regelung, wann Wettbewerb und wann Kooperation zum besseren Wirtschaftsergebnis führt, gibt es nicht.[28]

Ein weiterer Kritikpunkt, der vor allem von Ökologen erwähnt wird, ist die Ausrichtung der Wirtschaft und der Unternehmen auf ständiges Wachstum. Wachstum wird für Umweltschäden (Umweltkosten) verantwortlich gemacht. Mit dem Wachstum ist die Inflation verbunden. Sie führt bei ungleichgewichtigem Wachstum zu negativen Veränderungen der Verteilung von Einkommen und Vermögen. Einerseits sind nicht alle Güter gleichmäßig von der Inflation betroffen und andererseits sind die Möglichkeiten des Inflationsausgleichs und der Ausweichung der Inflation abhängig vom Vermögen der Bürger und Regelungen im Wirtschaftssystem. Daher sind negative Wirkungen auf die Verteilung unvermeidbar und führen dazu, dass jedes Jahr immer mehr Bürger verarmen und auf Sozialhilfe angewiesen sind.

Die negativen Wirkungen von Wachstum und Inflation auf die Verteilung werden durch Ungleichheiten im Steuersystem verstärkt. Die Abschreibungsmöglichkeiten, die das Steuersystem bietet, können vor allem von Bürger höherer Einkommensschichten genutzt werden, so dass real eine ungleiche Besteuerung entsteht. Diskutiert werden aber auch die Gerechtigkeit der Steuerprogression bzw. die sich ergebenden Steuersätze.

Das Geldsystem bzw. die Geldpolitik[29] ist seit der Euro-Krise in der Diskussion. Die Bürger sind nicht unbedingt mit der Handlungsweise der Europäischen Zentralbank (EZB) und der neuen Währung, dem Euro, zu frieden. Der Euro hat sich zunächst als „Teuro" erwiesen. Seit der Griechenland-Krise und dem diskutierten Grexit weiß man, dass der Euro auch ein Beschleuniger ist.[30] Er führt nicht stabile Mitgliedstaaten der EU schneller in die Krise als die alten Währungen. Es kann festgestellt werden, dass die Funktionsbedingungen für eine einheitliche Währung nicht gegeben sind. Für die Funktionsfähigkeit einer Einheits- bzw. Gemeinschaftswährung müssten in allen Mitgliedstaaten der EU

---

[28] Vgl. Gesetz gegen Wettbewerbsbeschränkungen (GWB) in der Fassung vom 15. Juli 2005 (BGBl. I S. 2114, ber. 2009, I S. 3850) zuletzt geändert durch Gesetzes vom 13. 10. 2016 (BGBl. I S. 2258) m.W.v. 01.01.2017, § 1 (Verbot) und § 2 (freigestellte Vereinbarungen)
[29] Vgl. zur Kritik am Geldsystem u.a. Weis, M./Spitzeck, H. (Hrsg.): Der Geldkomplex. Kritische Reflexion unseres Geldsystems und mögliche Zukunftsszenarien, Bern u.a. 2008
[30] Vgl. Witte, H.: Ist der Euro sicher? S. 47 f.

gleiche Wirtschaftsbedingungen herrschen. Die Vollharmonisierung müsste hergestellt sein. Deutlich wird die nicht vollzogene Harmonisierung vor allem am Lohngefälle. Die Löhne in den Mitgliedstaaten sind nicht harmonisiert. Die Preise sind hingegen öfter angepasst worden, so dass in vielen Mitgliedstaaten viele Bürger nicht mit ihrem Lohn die benötigten Güter kaufen können. Folglich versuchen sie Arbeit in einem anderen Mitgliedstaat zu finden. Das ist aufgrund der freien Arbeitsplatzwahl möglich. Es entstehen dadurch unerwünschte Wanderungsbewegungen in der EU. Entsprechende Folgewirkungen wie überlastete Straßen etc. sind ebenfalls unerwünscht. Ein weiterer Schwachpunkt der Gemeinschaftswährung Euro ist, dass es aufgrund eines relativ geringen Anteils von neutralem (Bar-)Geld an der gesamten Geldmenge ein hohes Inflationspotential gibt.[31]

Unzufrieden sind viele Bürger auch mit der Sozialpolitik, weil die Regelungen für den Erhalt von Sozialleistungen nicht eindeutig und klar im Gesetz formuliert sind. Es kommt daher - nach Medienberichten - häufig zum Missbrauch von Sozialleistungen. Hier fehlen klare Regelungen und Kontrollen.

Weitere Kritikpunkte sind die hohen Subventionen und die hohe Staatsverschuldung. Sie deuten auf eine Ineffizienz des Wirtschaftssystems bzw. ein ineffizientes Handeln der staatlichen Institutionen hin. Es zeigt sich, dass die Staatsverschuldung schwer wieder abbaubar ist. Der Abbau der Neuschuldung kann bei entsprechenden Bemühungen eher gewährleistet werden. Der Fall Griechenland zeigt sehr deutlich, dass hohe Staatsverschuldungen die wirtschaftliche Entwicklung und auch die Existenz von Staaten bedrohen.

Ein Schwachpunkt sind unterschiedliche Preisbildungsverfahren auf den verschiedenen Märkten. Im Prinzip herrscht freie Preisbildung. Die Anbieter und Nachfrager können bzw. dürfen den Preis für ein zu transferierendes Gut ohne staatliche Einflussannahme aushandeln. Die Voraussetzung für die Funktionsfähigkeit der freien Preisbildung auf den Märkten ist, dass kein Marktteilnehmer Marktmacht besitzt, um die Preise zu seinen Gunsten zu beeinflussen. Es wäre zu prüfen, ob diese Voraussetzung auf allen Märkten gegeben ist. Eine oberflächliche Beobachtung scheint dagegen zu sprechen.

Auf den Märkten auf denen Marktmacht vorliegt, greift der Staat regulierend ein. So hat der Staat für die Aushandlung der Preise für die Arbeit, die Löhne, die Tarifautonomie den Gewerkschaften übertragen. Für den Mietmarkt hat der Staat Regulierungen in Form von Mietbremsen, Mietspiegeln etc. geschaffen. Alle Regulierungen sind auf das Prinzip Anpassung an die jährlich gestiegenen Lebenshaltungskosten (Inflationsausgleich) ausgelegt. Es erfolgt demnach eine prozentuale Anpassung der Preise. Dabei wird allerdings eine Tatsache, die sich aus den Rechenregeln ergibt, übersehen. Prozentuale Anpassungen sind relative Anpassungen, die auf einen einheitlichen absoluten Basiswert bezogen sein

---

[31] Vgl. Witte, H.: Ist der Euro sicher? S. 157

müssen, wenn es nicht Verzerrungen geben soll. Zehn Prozent von hundert sind absolut mehr als zehn Prozent von zehn. Folglich bekommt ein Arbeiter mit einem Basislohn von 100 Euro bei einer zehnprozentigen Lohnanpassung absolut mehr Lohnzuwachs als ein Arbeiter mit einem Basislohn von zehn Euro. Der erste Arbeiter bekommt 10 Euro mehr, der zweite einen Euro. Dieses Anpassungsprinzip führt über viele Anwendungsjahre zu erheblichen Verwerfungen bzw. Ungerechtigkeiten.

Die ausgewählten Konstruktionsfehler zeigen, dass die aktuelle Kombination von Wirtschaftsform und Wirtschaftssystem nicht unbedingt als bestmögliche Lösung einzustufen ist. Die Identifizierung weiterer Konstruktionsfehler kann hier nicht geleistet werden. Sie erfordert einen entsprechenden Forschungsinput, der für einen kurzen Beitrag nicht geleistet werden kann.

### 2.5.7 Auswirkungen der Konstruktionsfehler in der aktuellen Kombination von Wirtschaftsform und Wirtschaftssystem

Die Auswirkungen der Konstruktionsfehler in der aktuellen Kombination von Wirtschaftsform und Wirtschaftssystem lassen sich schnell beschreiben. Es gibt eine ständig wachsende Ungleichheit bei Einkommen und Vermögen der Bürger. Die Folge ist eine systembedingte jährliche Armutssteigerung und steigende Sozialleistungen. Auf der anderen Seite gibt es immer reichere Bürger.

Diese Entwicklung führt zum Unmut der Bürger, einem extremen Wahlverhalten und gefährdet den Staat. Ob auf der anderen Seite die Bürger, die immer reicher werden auch immer glücklicher und immer staatsbewusster werden, muss bezweifelt werden.

### 2.5.8 Schlussbemerkungen

Als Fazit der Diskussion von alternativen Wirtschaftsformen und Wirtschaftssystemen, ihrer Kombinationen sowie der ausgewählten Konstruktionsfehler der aktuellen Kombination von Wirtschaftsform und Wirtschaftssystem ist festzuhalten, dass es Verbesserungsbedarf und Verbesserungsmöglichkeiten gib. Eine neue alternative Kombination von Wirtschaftsform und Wirtschaftssystem konnte im Rahmen eines Kurzbeitrags nicht abgeleitet werden. Dazu ist ein umfangreicher Forschungsinput zu leisten, der nicht nur auf der Auswertung der in der Literatur zu findenden Alternativen beruht, sondern auch die Meinung der Betroffenen (allgemein der Bürger und speziell ausgewählter Gruppen von Bürgern wie Politikern, Journalisten etc.) berücksichtigt. Es sind Befragungen (Panels etc.) durchzuführen, um die Meinung der Betroffenen zu identifizieren.

Zudem ist ein Katalog von Zielen zu erstellen, um Normwerte (Bedingungen) aufstellen zu können, die eine neue alternative Kombination von Wirtschaftsform und Wirtschaftssystem zu erfüllen hat. Auch diese Normwerte (Bedingungen) sind über Befragungen der Betroffenen zu gewinnen.

Beim aktuellen Wissensstand sind von einer neuen alternativen Kombination von Wirtschaftsform und Wirtschaftssystem die folgenden Bedingungen zu erfüllen. Die neue Kombination soll zumindest effektiv, effizient, sozial nachhaltig, ökologisch nachhaltig, ökonomisch nachhaltig, einfach, transparent und praxisbezogenen sein.

Es hat sich gezeigt, dass ein Zusammenhang zwischen Wirtschaftsform und Wirtschaftssystem sowie politischem System besteht. Der Forschungsinput sollte daher auch auf die Identifizierung von notwendigen Veränderungen im politischen System ausgedehnt werden.

Schließlich sollte noch erwähnt werden, dass die Vielzahl der in der Literatur zu finden Verbesserungsvorschläge nicht unbedingt eindeutig nach den in diesem Rahmen entwickelten Kriterien in die dargestellten Tabellen einzuordnen sind. Von diesen alternativen Vorschlägen sollen hier lediglich die Gartenwirtschaft (Global/Urban Gardening),[32] die genossenschaftlichen Modelle vom Typ Mondragón,[33] die Solidarische Ökonomie,[34] das Buen Vivir[35] und der Agorismus[36] erwähnt werden.

---

[32] Vgl. Grefe, C.: Global Gardening. Bioökonomie – neuer Raubbau oder Wirtschaftsform der Zukunft? München 2016; Müngersdorff, J./Müngersdorff, R.: Urban Gardening im Unternehmen: die dynamisch-vernetzte Organisation: wie Communities jenseits des Organigramms Potenziale freisetzen und Wandel ermöglichen, in: Hollmann, J./Daniels, K. (Hrsg.): Anders wirtschaften: integrale Impulse für eine plurale Ökonomie, 2. Aufl., Wiesbaden 2017, S. 73 – 98; Antoni-Komar, I.: Urban Gardening, Food Coops, Community Supported Agriculture: transformierte Wirtschaftsformen – Konsumpraktiken – Marktbeziehungen, in: Haushalt in Bildung & Forschung: Gesundheit, Umwelt, Zusammenleben, Verbraucherfragen, Schule und Beruf, Bd. 5 (2016), S. 82 - 96
[33] Vgl. Thomas, H./Logan, C.: Mondragon – An Economic Analysis, London 1982
[34] Vgl. Richter, T.: Solidarische Ökonomie: neue Wirtschaftsformen und alternative Entwicklungen, Hamburg 2013
[35] Vgl. Acosta, A.: Das „Buen Vivir". Die Schaffung einer Utopie, in: Juridikum, Zeitschrift für Kritik, Recht, Gesellschaft, Nr. 4 (2009), S. 219 – 223; Acosta, A.: Buen vivir: vom Recht auf ein gutes Leben: das Wissen der Anden für eine Welt jenseits des Wachstums, 2. Aufl., München 2016
[36] Vgl. Konkin III, S.E.: An Agorist Primer, Huntington Beach, Cal. 2008

## Literaturverzeichnis

Acosta, A.: Das „Buen Vivir". Die Schaffung einer Utopie, in: Juridikum, Zeitschrift für Kritik, Recht, Gesellschaft, Nr. 4 (2009), S. 219 - 223

Acosta, A.: Buen vivir: vom Recht auf ein gutes Leben: das Wissen der Anden für eine Welt jenseits des Wachstums, 2. Aufl., München 2016

Albers, W.: Wirtschaftssysteme, in: Handwörterbuch der Wirtschaftswissenschaft, Bd. 9, Stuttgart 1982, S. 327

Antoni-Komar, I.: Urban Gardening, Food Coops, Community Supported Agriculture: transformierte Wirtschaftsformen – Konsumpraktiken – Marktbeziehungen, in: Haushalt in Bildung & Forschung: Gesundheit, Umwelt, Zusammenleben, Verbraucherfragen, Schule und Beruf, Bd. 5 (2016), S. 82 - 96

Arbeitsgruppe Alternative Wirtschaftspolitik: MEMORANDUM 2007, Köln 2007

Arbeitsgruppe Alternative Wirtschaftspolitik: MEMORANDUM 2008, Köln 2008

Arbeitsgruppe Alternative Wirtschaftspolitik: MEMORANDUM 2009, Köln 2009

Arbeitsgruppe Alternative Wirtschaftspolitik: MEMORANDUM 2011, Köln 2011

Arbeitsgruppe Alternative Wirtschaftspolitik: MEMORANDUM 2014, Köln 2014

Arbeitsgruppe Alternative Wirtschaftspolitik: MEMORANDUM 2015, Köln 2015

Böhme, G. (Hg.): Alternative Wirtschaftsformen, Bielefeld 2012

Brinkmann, C.: Wirtschaftsformen und Lebensformen, 2. Aufl., Tübingen 1950 (Heidelberg 1932[1])

Cassel, G.: Theoretische Sozialökonomie, 6. Aufl., Darmstadt 1968 (Leipzig 1918[1])

Cockshott, W.P./Cottrell, A.: Alternativen aus dem Rechner. Für sozialistische Planung und direkte Demokratie, 2. Aufl., Köln 2012 (2006[1])

Corneo, G.: Bessere Welt: Hat der Kapitalismus ausgedient? Eine Reise durch alternative Wirtschaftssysteme, Berlin 2014

Daly, H.E.: Steady State Economics, Washington, D.C. 1991

Daly, H.E.: The Economics of Steady State, in: American Economic Review, Vol. 64 (1974), S. 15 - 21

Eichhorn, P.: Ökosoziale Marktwirtschaft. Ziele und Wege, Wiesbaden 1995

Erhard, L.: Wohlstand für Alle, 8. Aufl., Bonn 1964 (Düsseldorf 1957[1])

Eucken, W.: Grundlagen der Nationalökonomie, 5. Aufl., Berlin, Göttingen, Heidelberg 1965 (Jena 1940[1])

Eucken, W.: Grundsätze der Wirtschaftspolitik, 7. Aufl., Tübingen 2004 (Tübingen 1952[1])

Europäische Kommission: Europa 2020. Eine Strategie für intelligentes, nachhaltiges und integratives Wachstum, KOM(2010)2020 endgültig

Exner, A./Kratzwald, B.: Solidarische Ökonomie & Commons, Wien 2012

Felber, C.: Die Gemeinwohl-Ökonomie. Wien 2012

Grefe, C.: Global Gardening. Bioökonomie – neuer Raubbau oder Wirtschaftsform der Zukunft? München 2016

Grundgesetz für die Bundesrepublik Deutschland (GG) vom 23.05.1949 in der Fassung vom 11. Juli 2012 (BGBl. I S. 1478)

Gesetz gegen Wettbewerbsbeschränkungen (GWB) in der Fassung vom 15. Juli 2005 (BGBl. I S. 2114; ber. 2009, I S. 3850) zuletzt geändert durch Gesetzes vom 13. 10. 2016 (BGBl. I S. 2258) m.W.v. 01.01.2017

Haake, K.: Deutsche wünschen sich neue Wirtschaftsordnung, in: Zeit online vom 15. August 2012

Hauff, M.v.: Von der Sozialen zur Nachhaltigen Marktwirtschaft, in: ders. (Hg.): Zukunftsfähigkeit der Sozialen Marktwirtschaft, Marburg 2007, S. 349 – 392

Hauff, V. (Hrsg.): Unsere gemeinsame Zukunft. Der Brundtland-Bericht, Greven 1987

Hirscher, G./Sturm, R. (Hrsg.): Die Strategie des „Dritten Weges", München 2001

Hof, H.-J./Wagner, U.: Alternative Wirtschaftssysteme, München 1982

Immler, H./Hofmeister, S.: Natur als Grundlage und Ziel der Wirtschaft. Grundzüge einer Ökonomie der Reproduktion, Opladen 1998

Jeantet, T.: Economie Sociale: eine Alternative zum Kapitalismus, Neu-Ulm 2010

Konkin III, S.E.: An Agorist Primer, Huntington Beach, Cal. 2008

Mauss, M.: Die Gabe. Form und Funktion des Austausches in archaischen Gesellschaften, Frankfurt am Main 1990 (Org.: Essai sur le Don. Forme et raison de l'échange de les sociétés archaïques, Paris 1925)

Meadows, D./Meadows, D./Zahn, E./Milling, P.: Die Grenzen des Wachstums. Bericht des Club of Rome zur Lage der Menschheit, 17. Aufl., Stuttgart 2000 ($1972^1$)

Meadows, D./Randers, J./Meadows, D.: Limits to Growth. The 30-year update, White River Junction, VT 2004

Mises, L.v.: Kritik des Interventionismus, Darmstadt 1976 (Stuttgart $1929^1$)

Morazán, P.: Alternative Wirtschaftsformen in Mittelamerika, in: Sevilla, R./ Rivas, E.T. (Hrsg.): Mittelamerika: Abschied von der Revolution? Unkel/ Rhein u.a. 1995, S. 151 - 162

Müller-Armack, A.: Genealogie der Sozialen Marktwirtschaft, 2. Aufl., Bern 1981 ($1974^1$)

Müngersdorff, J./Müngersdorff, R.: Urban Gardening im Unternehmen: die dynamisch-vernetzte Organisation: wie Communities jenseits des Organigramms Potenziale freisetzen und Wandel ermöglichen, in: Hollmann, J./Daniels, K. (Hrsg.): Anders wirtschaften: integrale Impulse für eine plurale Ökonomie, 2. Aufl., Wiesbaden 2017, S. 73 – 98

Nießlein, E.: Humane Marktwirtschaft. Ökonomische Aspekte der Umweltpolitik, Freiburg (Breisgau) 1981

Notz, G.: Theorien alternativen Wirtschaftens. Fenster in eine andere Welt, 2. Aufl., Stuttgart 2012

Paech, N.: Befreiung vom Überfluss. Auf dem Weg in die Postwachstumsökonomie, 9. Aufl., München 2016 ($2012^1$)

Peters, H.-R.: Wirtschaftssystemtheorie und Allgemeine Ordnungspolitik, 4. Aufl., München, Wien 2002

Polanyi, K.: The Great Transformation. Politische und ökonomische Ursprünge von Gesellschaften und Wirtschaftssystemen, 12. Aufl., Sinzheim 2015 (Frankfurt am Main $1978^1$) (Org. $1944^1$)

Porada, L.: Selbstverwaltung - kooperative Wirtschaftsformen in der Bewährungsprobe, Darmstadt 1990

Richter, T.: Solidarische Ökonomie - Neue Wirtschaftsformen und alternative Entwicklungen, in: Entwicklungsländer? Hrsg. v. Neuburger, M., Hamburg 2013, S. 87 - 114

Ruh, H.: Ordnung von unten. Die Demokratie neu erfinden, Zürich 2011

Sîk, O.: Der dritte Weg, Hamburg 1972

Smith, A.: Untersuchung über Wesen und Ursachen des Reichtums der Völker, 1. Bd. (aus dem Englischen übersetzt von M. Streissler, hrsg. v. E.W. Streissler), Düsseldorf 1999 (Org.: 1776)

Tuchtfeldt, E.: Wirtschaftssysteme, in: Handwörterbuch der Wirtschaftswissenschaft, 9. Bd., Stuttgart u.a. 1988, S. 326 - 353

Ulrich, P.: Zivilisierte Marktwirtschaft. Eine wirtschaftsethische Orientierung, Bern 2010

Vertrag über die Europäische Union (Konsolidierte Fassung), ABl.-EU C 326/13 vom 26.10.2012

Voss, E.: Wegweiser Solidarische Ökonomie. Anders Wirtschaften ist möglich! 2. Aufl., Neu-Ulm 2015 ($2010^1$)

Weber, M.: Grundriß der Sozialökonomik, III. Abt., Wirtschaft und Gesellschaft, Tübingen 1922

Weis, M./Spitzeck, H. (Hrsg.): Der Geldkomplex. Kritische Reflexion unseres Geldsystems und mögliche Zukunftsszenarien, Bern u.a. 2008

Wicke, L./Maizière, L. de/Maizière, T. de: Öko-Soziale Marktwirtschaft für Ost und West. Der Weg aus der Wirtschafts- und Umweltkrise, München, Nördlingen o.J. (1990)

Witte, H.: Die nachhaltige Marktwirtschaft. Wohlstand ohne *self-made* Krisen? Berlin 2013

Witte, H.: Ist der Euro sicher? Ansatz einer neuen Geld- und Währungspolitik, Berlin 2015

## 2.6 Alternative Geldsysteme (Hermann Witte[1])

### 2.6.1 Einleitung

Die Finanzkrise und die Diskussion der Sicherheit des Euros haben viele Veränderungsvorschläge des Geldsystems und des Geldes selbst herausgebracht. Es wird u.a. neutrales Geld,[2] Freigeld (umlaufgesichertes Geld, Schwundgeld[3]),[4] Vollgeld,[5] souveränes Geld[6] und regionales Geld[7] diskutiert. Genereller Art ist der Ansatz der Abkommen von Basel (Basel I, II, III[8]). Sie sollen die Funktionsfähigkeit des Weltwährungssystems sichern. Auffällig an den vielen Veränderungsvorschlägen ist, dass sie nicht unbedingt neu sind. Sie haben zum Teil weit zurückliegende Beispiele in Theorie und Praxis. Zudem ist keiner der Vorschläge allgemein akzeptiert. Die Kritik ist eindeutig und nicht zu übersehen.

Aus dem Grunde sollen in diesem Rahmen alternative Geldsysteme erörtert werden. Ausgangspunkt der Diskussion ist die Grundstruktur aktueller Geldsysteme. Diese Grundstruktur soll variiert werden, um Alternativen aufzuzeigen. Die Alternativen sind hinsichtlich ihrer Effektivität, Effizienz und Sicherung der Geldwertstabilität zu überprüfen.

---

[1] Dr. Hermann Witte, Professor für Allgemeine Betriebswirtschaftslehre, Logistik und Umweltökonomie, Hochschule Osnabrück (University of Applied Sciences), Campus Lingen, Institut für Management und Technik, Lingen/Germany

[2] Vgl. Rugina, A.: Und es kann doch „neutrales" Geld geben! In: Weltwirtschaftliches Archiv, Vol. 67 (1953), S. 57 – 68; Friedman, M./Schwartz, A.: Die Definition des Geldes: Nettovermögen und Neutralität als Kriterium, in: Brunner, K./Monissen, H.G./Neumann, J.M (hrsg. v.): Geldtheorie, Köln 1974, S. 74 – 90

[3] Vgl. Langelütke, H.: Tauschbank und Schwundgeld als Wege zur zinslosen Wirtschaft: vergleichende Darstellung und Kritik der Zirkulationsreformen P.J. Proudhons und Silvio Gesells, Jena 1925; Hettlage, M.C.: Vom Spielgeld zum Schwundgeld. Nur ein kleiner Schritt, in: Zeitschrift für das gesamte Kreditwesen, Bd. 64 (2011), S. 1062 - 1065

[4] Vgl. Gesell, S.: Die natürliche Wirtschaftsordnung durch Freiland und Freigeld, 2. Aufl., Berlin 1916; Onken, W.: Silvio Gesell und die natürliche Wirtschaftsordnung, Lütjenburg 1999

[5] Vgl. Verein Monetäre Modernisierung (Hg).: Die Vollgeld-Reform. Wie Staatsschulden abgebaut und Finanzkrisen verhindert werden können, Solothurn 2013 (2015[4]); Huber, J.: Monetäre Modernisierung: zur Zukunft der Geldordnung: Vollgeld und Monetative, 6. Aufl., Marburg 2016

[6] Vgl. Felber, C.: Vom Vollgeld zum „Souveränen Geld". Vorteile und Optionen einer Vollgeld-Reform, www.christian-felber.at/schaetze/12_Vorteile_Vollgeld-Reform_Felber_2016. pdf (abgerufen am 19.10.2017)

[7] Vgl. Leinert, S.: Regionale Komplementärwährungen in Deutschland: Stand und Entwicklungsmöglichkeiten, 2. Aufl., Norderstedt 2016

[8] Vgl. Michaelis, T.: Rating und Basel III: Kreditzinsen nach dem Verursacherprinzip, Konstanz 2016; Basel Committee on Banking Supervision: Basel capital framework national discretions, Basel 2014

## 2.6.2 Die Grundstruktur aktueller Geldsysteme

Die Grundstruktur aktueller Geldsysteme ist in Abb. 1 dargestellt. Die Akteure im Geldsystem sind zunächst der Staat bzw. die Regierung, der bzw. die die Münzen (Münzgeld) prägen lässt und an die Zentralbank zum Nennwert verkauft. Die Zentralbank lässt die Noten (Geldscheine, Papiergeld) drucken. Die Münzen und die Scheine bilden zusammen das Bargeld, das zunächst als Zentralbankgeld bezeichnet wird. Die Zentralbank bringt das Zentralbankgeld auf den Geldmarkt. Die Kreditinstitute erhalten das Zentralbankgeld von der Zentralbank gegen Sicherheiten (Wertpapiere). Damit wird aus dem Zentralbankgeld Bargeld. Es wird Bargeld geschöpft. Das Bargeld geben die Kreditinstitute gegen Sicherheiten an die Kunden weiter. Damit gelangt das Bargeld in die Kassen bzw. Portemonnaies der Kunden. Die Kunden geben das Bargeld für Käufe von Gütern aus. Das Bargeld zirkuliert zwischen den Kunden. Bargeld, das die Kunden nicht für Käufe benötigen, können sie als Einlage bei den Kreditinstituten gegen Zinsen anlegen. Benötigen die Kunden mehr als das ihnen zur Verfügung stehende Bargeld oder wollen sie die Einlagen bei den Kreditinstituten nicht rückgängig machen, können sie bei den Kreditinstituten gegen Sicherheiten Kredite aufnehmen. Die Kreditinstitute schöpfen dadurch Buchgeld (Giralgeld), das bei den Kreditinstituten in den Büchern (Rechenwerken des Rechnungswesens) verbucht ist. Für diese Kredite bzw. das Buchgeld gibt es kein entsprechendes Bargeld. Das Buch- und das Bargeld bilden die Geldmenge. Für das Verhältnis von Buch- und Bargeld gibt es keine Geldmengenverhältnisregel.[9] Aktuell ist der Anteil des Buchgeldes an der Geldmenge deutlich größer als der Anteil des Bargeldes (die Anteile betragen in der Eurozone (EWU) etwa 90 Prozent und 10 Prozent[10]). Die Kreditinstitute müssen lediglich einen kleinen Teil der Kreditsumme als Mindestreserve bei der Zentralbank hinterlegen. Der Mindestreservesatz liegt bei der Europäischen Zentralbank (EZB) bei 1 Prozent. Der Mindestreservesatz und die eventuelle Verzinsung sind weltweit nicht einheitlich für alle Zentralbanken geregelt. Die Geldtheorie bietet für die Festlegung des Reservesatzes und des Zinssatzes wenig Anhaltspunkte.

Die dargestellte Grundstruktur aktueller Geldsysteme (vgl. Abb. 1) wird durch die alternativen Vorschläge zur Steigerung der Sicherheit der Geldsysteme nicht in Frage gestellt. Vorgeschlagen werden lediglich alternative Geldformen und alternative Regeln für das Geldsystem.

---

[9] Geldregeln für andere Fälle sind durchaus bekannt, z.B. die Friedman-Regel und die Taylor-Regel.
[10] Vgl. dazu Witte, H.: Ist der Euro sicher? Ansatz einer neuen Geld- und Währungspolitik, Berlin 2015, S. 157

**Abb. 1:** Struktur des aktuellen Geldsystems (ohne Außenwirtschaftsbeziehungen)

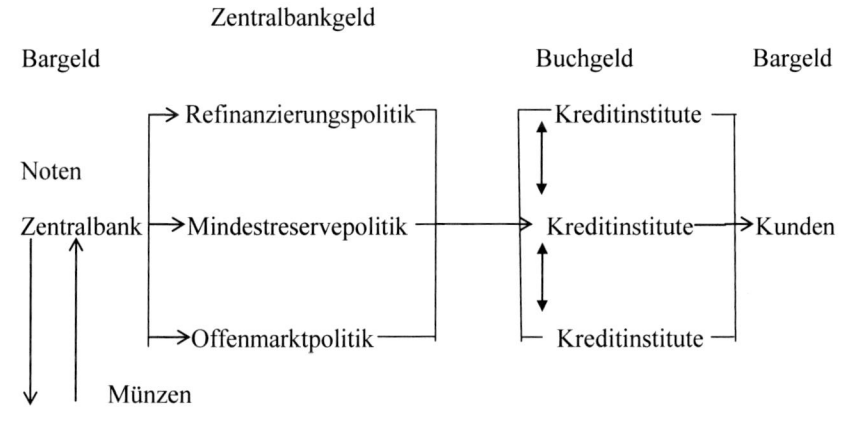

```
                    Zentralbankgeld
Bargeld                                    Buchgeld        Bargeld

              ┌─→ Refinanzierungspolitik ┐  ┌─ Kreditinstitute ─┐
Noten         │                          │  │        ↕          │
Zentralbank ──┼─→ Mindestreservepolitik ─┼──┼─→ Kreditinstitute ─┼─→ Kunden
     ↑        │                          │  │        ↕          │
     │        └─→ Offenmarktpolitik ─────┘  └─ Kreditinstitute ─┘
     ↓    Münzen
Staat/Regierung
```

Quelle: eigene Darstellung

**Abb. 2:** Erweiterte Struktur des aktuellen Geldsystems (ohne Außenwirtschaftsbeziehungen)

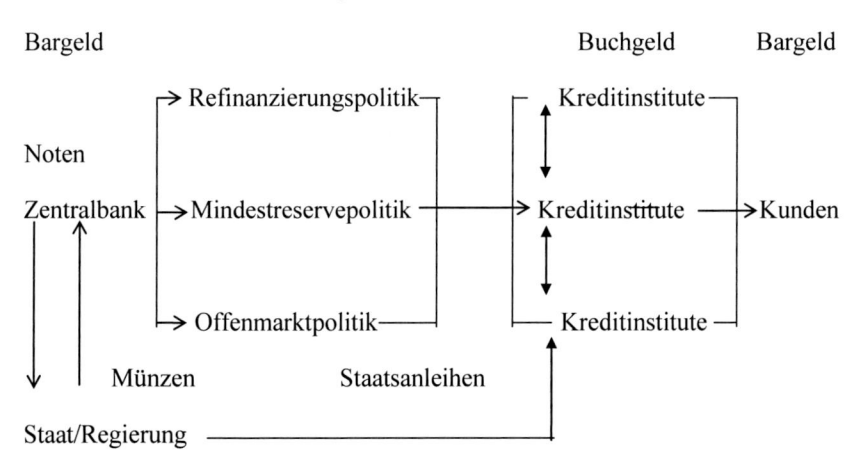

```
                    Zentralbankgeld
Bargeld                                    Buchgeld        Bargeld

              ┌─→ Refinanzierungspolitik ┐  ┌─ Kreditinstitute ─┐
Noten         │                          │  │        ↕          │
Zentralbank ──┼─→ Mindestreservepolitik ─┼──┼─→ Kreditinstitute ─┼─→ Kunden
     ↑        │                          │  │        ↕          │
     │        └─→ Offenmarktpolitik ─────┘  └─ Kreditinstitute ─┘
     ↓    Münzen          Staatsanleihen                ↑
Staat/Regierung ────────────────────────────────────────┘
```

Quelle: eigene Darstellung

In Abb. 1 ist das aktuelle Geldsystem etwas vereinfacht dargestellt. Daher ist in Abb. 2 noch die erweiterte Struktur des Geldsystems veranschaulicht. Der Staat hat nicht nur die Aufgabe Münzen prägen zu lassen und über die Zentralbank in Umlauf zu bringen. Der Staat kann auch über die Ausgabe von Staatsanleihen tätig werden. Dabei gibt es zwei Möglichkeiten. Der Staat bringt die Staatsleihen über eine staatliche Institution oder über die Kreditinstitute auf den Markt. Die Kreditinstitute werden zu einem sogenannten Konsortium unter Leitung der Zentralbank zusammengefasst. Die Zentralbank zeichnet allerdings keine Anleihen, so dass die Anleihen nur über die Kreditinstitute auf dem Markt kommen.

### 2.6.3 Geldpolitische Ziele, die mit aktuellen Geldsystemen zu erreichen sind

Das generelle Ziel der Geldpolitik ist die Versorgung der Wirtschaft mit ausreichend Geld, so dass alle Käufe und Verkäufe abgewickelt werden können. Im konkreteren Sinne sind die drei Funktionen des Geldes, die Recheneinheitsfunktion, die Zahlungsmittelfunktion und die Wertaufbewahrungsfunktion, zu gewährleisten.

Die beiden ersten Funktionen des Geldes werden per Gesetz mit der Deklarierung einer Währung als offizielles Zahlungsmittel in einem Währungsraum gewährleistet. Die dritte Funktion des Geldes, die Wertaufbewahrungsfunktion, kann hingegen nicht per Gesetz zugesichert werden. Sie muss durch eine entsprechende Geldpolitik der Zentralbank gewährleistet werden. Die Wertaufbewahrungsfunktion einer Währung ist gegeben, wenn ihr Wert stabil ist. Es darf weder Inflation noch Deflation auftreten. Man spricht dann von Geldwertstabilität.

Um die Geldwertstabilität zu sichern, betreibt die Zentralbank einen geldpolitischen Mix aus monetaristischer Geldmengensteuerung und keynesianischer Zinssteuerung. Das Hauptgewicht in dem Mix sollte gemäß der Lehre des Monetarismus auf der Geldmengensteuerung liegen, da die Zinssteuerung mit unterschiedlich langen Zeitverzögerungen (time lags) und daher prozyklisch statt antizyklisch wirken kann.

### 2.6.4 Schwächen aktueller Geldsysteme bei der Zielerreichung

Die Schwächen aktueller Geldsysteme werden vor allem in der Tatsache gesehen, dass es nicht gelingt, eine hundertprozentige Geldwertstabilität herzustellen. In einigen Ländern treten zeitweise hohe und sogar sehr hohe Inflationsraten auf. Ein weiterer Kritikpunkt ist die mögliche Insolvenz von Kreditinstituten aufgrund von zu vielen Ausfallkrediten. Damit wächst die Gefahr von Folgeinsolvenzen in der gesamten Wirtschaft. Es treten sogenannte Finanzkrisen auf, die verhindert werden müssen.

In Folge von Finanzkrisen sind sehr viele Veränderungsvorschläge in der Literatur dargestellt worden. Meist wird allerdings nicht das Geldsystem, sondern das Geld für die aufgetretenen Krisen verantwortlich gemacht. Daher bezieht sich eine Vielzahl der Veränderungsvorschläge auf die Schaffung einer alternativen Form von Geld. Die Vorschläge sind nicht alle als neu einzustufen. Viele Vorschläge greifen alte Diskussionsbeiträge wieder auf. Im folgenden Abschnitt wird eine ausgewählte Anzahl von Verbesserungsvorschlägen dargestellt. Eine umfassende Diskussion aller Verbesserungsvorschläge kann im Rahmen eines Kurzbeitrages nicht erfolgen.

### 2.6.5 Alternative Ideen für die Steigerung des Erfolges der Geldpolitik

Von der Vielzahl alternativer Ideen zur Steigerung des Erfolges der Geldpolitik soll in diesem Rahmen auf neutrales Geld, Vollgeld, souveränes Geld, Freigeld und die Abkommen von Basel eingegangen werden.

Die Idee, neutrales Geld zu schaffen, soll auf David Hume[11] (1752) zurückgehen. Neutrales Geld[12] ist seitdem von vielen Autoren gefordert worden, um die Sicherheit von Geld zu gewährleisten. Geld ist neutral, wenn es die Preise bzw. den Kreditmarkt, also die Zinsen, nicht beeinflusst. Diese Bedingung erfüllt nach Friedman und Schwartz nur Bargeld in den Kassen bzw. Portemonnaies der Kunden. Selbst Bargeld in der Form von Zentralbank ist in der realen Welt in der Regel nicht neutral.[13] Eine Veränderung aktueller Geldsysteme ist zur Durchsetzung von neutralem Geld im Prinzip nicht notwendig. Es ist ausreichend, alle Zinssätze auf „Null" zu setzen.

Die Vollgeld-Idee sieht den Schwachpunkt der Geldpolitik in der geringen Mindestreservepflicht der Kreditinstitute. Durch die Erhöhung des Mindestreservesatzes auf hundert Prozent, sollen die Buchgeldschöpfungsaktivitäten der Kreditinstitute eingeschränkt werden. Zudem soll durch den hohen Mindestreservesatz das Gewinnmaximierungsstreben und das Insolvenzrisiko der Kreditinstitute begrenzt sowie die Gewinne aus Krediten zur Zentralbank verlagert werden. Auch diese drei Ziele der Vollgeld-Idee können durch die Senkung aller Zinssätze auf „Null" verwirklicht werden. Ein Umbau der Struktur des Geldsystems wird von den Vertretern der Vollgeld-Idee nicht gefordert und ist auch nicht

---

[11] Vgl. Hume, D.: Political Discourses, Edinburgh 1752 (reproduction London 2015, S. 27 – 39, insbes. S. 27)
[12] Vgl. u.a. Rugina, A.: Und es kann doch „neutrales" Geld geben! In: Weltwirtschaftliches Archiv, Vol. 67 (1953), S. 57 – 68; Suhr, D.: Geld ohne Mehrwert. Entlastung der Marktwirtschaft von monetären Transaktionskosten, Frankfurt/M. 1983; Suhr, D.: The Capitalistic Cost-Benefit Structure of Money. An Analysis of Money's Structural Nonneutrality and its Effects on the Economy, Berlin, Heidelberg, New York a.o. 1989
[13] Vgl. Friedman, M./Schwartz, A.: Die Definition des Geldes: Nettovermögen und Neutralität als Kriterium, S. 83

notwendig. Die Vollgeld-Idee wird vor allem in der Schweiz verfolgt. Es soll in einen Referendum über die Idee abgestimmt werden.[14]

Das souveräne Geld[15] ist eine Weiterentwicklung der Vollgeld-Idee, da die Vollgeld-Idee „nicht alle Probleme der gegenwärtigen Finanz- und Geldordnung beheben kann".[16] Die Idee, souveränes Geld zu schaffen, basiert auf dem Paradigma Geld sei ein öffentliches Gut. Geld wird als öffentliches Gut eingestuft, wenn die folgenden drei Bedingungen erfüllt sind: (1) Geld wird streng als Mittel verstanden, (2) Geld dient dem Gemeinwohl und (3) die Regeln für das Geldsystem wurden nach demokratischen Prinzipien (durch dezentrale Geldkonvente) festgelegt. Die Idee, souveränes Geld zu schaffen, wirft mehrere Fragen auf. Zunächst wird eine alte Diskussion neu entfacht: Gibt es überhaupt „geborene" öffentliche Güter oder nur „erkorene". Dann ist zu definieren, was ein Mittel ist und ob es die Funktionen des Geldes erfüllt. Auch die Frage um das Gemeinwohl wird neu belebt. Schließlich ist zu prüfen, ob nach demokratischen Prinzipien bestmögliche Entscheidungen oder nur „faule" Kompromisse zustande kommen. Insgesamt scheint die Idee, souveränes Geld zu schaffen, nicht mehr als eine unausgewogene Idee zu sein, die nur den Autor bekannt macht.

Die Idee des Freigeldes (Schwundgeld oder umlaufgesichertes Geld) geht auf Gesell[17] zurück. Er sah die Schwächen des Geldsystems in der Wertaufbewahrungsfunktion des Geldes begründet. Folglich vertrat er die Idee von Geld mit einer Tauschfunktion. Geld sollte nicht „gehortet" werden und die Umlaufgeschwindigkeit des Geldes sollte gleichmäßig sein. Geld sollte zudem wie die menschliche Arbeitskraft und die Güter mit der Zeit an Wert verlieren (daher Schwundgeld). Dadurch sollten die Menschen zur Geldausgabe gezwungen sein und so Spekulationen sowie Wirtschaftskrisen verhindert werden. Gesell nannte Geld, das diese Bedingungen erfüllt, Freigeld. Einen Umbau des Geldsystems erfordert die Freigeld-Idee nicht. Gesell übersah allerdings, dass Geld, das seinen Wert verliert, zur Deflation und damit zu Krisen führt. Die Idee ist daher nicht als verwirklichungswürdig einzustufen. Sie bringt keine Verbesserung der Schwächen des Geldsystems.

---

[14] Vgl. Verein Monetäre Modernisierung (Hg).: Die Vollgeld-Reform. Wie Staatsschulden abgebaut und Finanzkrisen verhindert werden können, Solothurn 2013 (2015⁴); vgl. auch Huber, J.: Monetäre Modernisierung: zur Zukunft der Geldordnung: Vollgeld und Monetative, Marburg 2014
[15] Vgl. Felber, C.: Vom Vollgeld zum „Souveränen Geld" …
[16] Felber, C.: Vom Vollgeld zum „Souveränen Geld" …, S. 1
[17] Vgl. Gesell, S.: Die natürliche Wirtschaftsordnung durch Freiland und Freigeld, 2. Aufl., Berlin 1916

Die Abkommen von Basel (I, II und III)[18] des Basler Ausschusses der Bank für Internationalen Zahlungsausgleich (BIZ) sollen bekannt gewordene Probleme im internationalen Finanz- und Währungssystem nicht durch eine neue Form von Geld beheben, sondern durch Bankenregulierung hinsichtlich der Verschärfung der Eigenkapitalrichtlinien und Schaffung einheitlicher internationaler Wettbewerbsbedingungen für Kreditinstitute. Die Abfolge der Abkommen ergibt sich aus einer im Zeitablauf strengeren Formulierung der Regelungen. Auf die relativ komplizierten Regelungen soll in diesem Rahmen nicht weiter eingegangen werden. Es muss ausreichen, die Zielrichtung der Abkommen von Basel zu beschreiben. Allein die strengere Formulierung der Regelungen verdeutlicht, dass die Probleme im Finanz- und Währungssystem mittels Eigenkapital- und Wettbewerbsregeln nicht zu lösen sind. Die Höhe des geforderten Eigenkapitals ist ein wesentlicher Kritikpunkt. Konsequenter ist da schon die Vollgeld-Idee, die für Kreditinstitute hundert Prozent Eigenkapital fordert.

Sowohl die Ideen dargestellter ausgewählter neuer Formen von Geld,[19] als auch die Schaffung von strengeren Eigenkapitalrichtlinien und Wettbewerbsvorschriften für Kreditinstitute können aktuelle Probleme im Finanz- und Währungssystem nicht lösen. Es wurde die These aufgestellt „- das kann kein Reformvorschlag."[20] Es gilt, diese These zu widerlegen.

Alle bisher dargestellten Vorschläge zur Lösung aktueller Probleme des Finanz- und Währungssystems fordern keinen direkten Umbau der aktuellen Geldsysteme. Anders ist dies beim Handy-Geld. Allerdings ist das Handy-Geld nicht als Lösung für bestehende geldpolitische Probleme einzustufen, sondern als Vereinfachung und Beschleunigung des Geldtransfers. Im folgenden Abschnitt ist näher auf das Handy-Geld einzugehen.

### 2.6.6 Veränderung des aktuellen Geldsystems durch Handy-Geld

Handy-Geld ist elektronisches Geld, das mit Hilfe neuer Kommunikationstechnologien geschaffen wird. Es handelt sich um Buchgeld (Giralgeld). Genau wie bei den neuen Kommunikationstechnologien selbst, kann man auch beim Handy-Geld von einer Idee mit revolutionären Auswirkungen sprechen.

Handy-Geld bzw. das Bezahlen mit Hilfe des Smartphones hat sich noch nicht weltweit durchgesetzt. Es gibt aber Anzeichen, dass die Kreditinstitute diese Bezahlungsweise in naher Zukunft ausbauen werden. Einige Vorteile sprechen für den Ausbau dieser Bezahlungsweise. Einerseits ist es die hohe Geschwindigkeit

---

[18] Vgl. Bank für Internationalen Zahlungsausgleich, Basler Ausschuss für Bankenaufsicht: Bericht an die Staats- und Regierungschefs der G20 über die Überwachung der Umsetzung der Basel-III-Reformen, August 2013 (www.bis.org; abgerufen am 20.10.2017)
[19] Auf alle in der Literatur diskutieren anderen Formen von Geld kann nicht eingegangen werden. Dazu gibt es zu viele Vorschläge.
[20] Felber, C.: Vom Vollgeld zum „Souveränen Geld" ..., S. 1

beim Transfer, die für diese Bezahlungsweise spricht. Andererseits ist es die räumliche und zeitliche Verfügbarkeit, die überzeugt. Zudem machen sich die Kreditinstitute geringere Transferkosten zu Nutze. Lediglich die Sicherheit bei der Datenübertragung ist zurzeit noch nicht zu hundert Prozent gegeben. Es gilt bestehende Sicherheitslücken zu schließen. Allerdings werden bisher in unregelmäßigen Zeitabständen immer wieder neue Sicherheitslücken bekannt.

Die Revolution des Handy-Geldes liegt in der Tatsache, dass Bargeld (Münzen und Scheine) überflüssig werden. Es wird künftig nur noch elektronisches Buchgeld geben. Das überflüssige Bargeld wird abgeschafft werden, da es nicht benötigt wird. Die weitere Existenz von Bargeld würde nur Kosten und keinen Nutzen verursachen.

Die Abschaffung des Bargeldes hat Konsequenzen für das Geldsystem (vgl. Abb. 3). Der Staat würde keine Münzen mehr prägen und über die Zentralbank auf den Markt bringen lassen. Damit fallen die entsprechenden Verbindungen (Pfeile), die in Abb. 1 und 2 noch dargestellt sind, weg. Der Staat kann aber weiterhin Staatsanleihen, jetzt auf elektronischem Weg, über die Kreditinstitute auf den Markt bringen. Die Zentralbank lässt keine Noten mehr drucken und bringt sie auch nicht mehr auf den Markt. Die entsprechenden Verbindungen (Pfeile) fallen ebenfalls weg (vgl. Abb. 1 und 2 mit 3). Ob die Instrumente der Zentralbank, die Refinanzierungs-, Mindestreserve- und Offenmarktpolitik, auch im elektronischen Geldsystem herhalten werden, muss offen bleiben. Die Reaktion der Staaten und Zentralbanken ist abzuwarten.

Abb. 3: Veränderung der Struktur des aktuellen Geldsystems (ohne Außenwirtschaftsbeziehungen) durch Handy-Geld

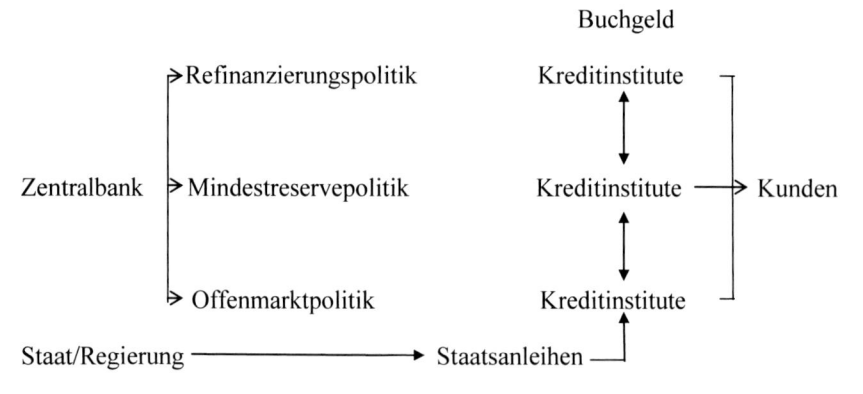

Buchgeld

Zentralbank ⊢ ▷ Refinanzierungspolitik   Kreditinstitute ⎤
              ▷ Mindestreservepolitik    Kreditinstitute ⟶ Kunden
              ▷ Offenmarktpolitik        Kreditinstitute ⎦

Staat/Regierung ⟶ Staatsanleihen ⎦

Quelle: eigene Darstellung

Sicher ist auf jeden Fall, dass sich das herausbildende neue Geldsystem auf den Bereich Buchgeld mit den Kreditinstituten und den Kunden konzentrieren wird.

Das neue Geldsystem ist noch stärker als das alte bzw. aktuelle Geldsystem für Krisen anfällig. Der Einfluss der Zentralbank auf das Geldsystem und die Steuerungsmöglichkeit des Systems wird merklich, wenn nicht ganz abnehmen. Damit kann die Geldwertstabilität nicht mehr bzw. nicht mehr in vollem Umfang gewährleistet werden. Einen wirksamen Schutz vor Insolvenzen der Kreditinstitute gibt es nicht mehr ohne die Einführung neuer Regularien. Finanzkrisen und Wirtschaftskrisen aller Art sind mit herkömmlichen Regularien kaum noch zu verhindern.

Vor dem Hintergrund dieser Entwicklungstendenzen des Geldsystems wird die in der Schweiz diskutierte Vollgeld-Idee verständlich. Probleme in einem elektronischen Geldsystem werden nur durch ein Vollreservesystem (full-reservesystem), wie der Vollgeld-Ansatz richtigerweise genannt werden muss, zu verhindern sein. Ein geldpolitisches Instrument der Zentralbank gewinnt damit zunehmend an Bedeutung. Dies ist die Mindestreservepolitik.

### 2.6.7 Beurteilung der dargestellten geldpolitischen Veränderungsvorschläge als Basis für ein alternatives Geldsystem

Zur Beurteilung der dargestellten geldpolitischen Veränderungsvorschläge und für die Ableitung eines alternativen Geldsystems sind Kriterien zu finden, um die neuen Vorschläge bewerten zu können. Zudem bilden diese Kriterien einen Ausgangspunkt für die Ableitung eines alternativen Geldsystems.

Für die Beurteilung der geldpolitischen Veränderungsvorschläge können sechs Kriterien herangezogen werden, die in der Literatur dokumentiert sind. Diese Kriterien sind einmal die drei Funktionen des Geldes und zweitens die drei Kriterien für die Sicherheit einer Währung.

Die Funktionen des Geldes sind Abb. 4 und die Kriterien für die Sicherheit in Abb. 5 dargestellt.

Die drei Funktionen des Geldes sind (1) die Recheneinheitsfunktion, (2) die Zahlungsmittelfunktion und (3) die Wertaufbewahrungsfunktion. Die ersten beiden Funktionen sind eindeutig gegeben, wenn eine Währung per Gesetz als offizielle Währung eines Währungsraumes eingeführt wird. Hinsichtlich dieser beiden Funktionen ist Geld unproblematisch. Diese beiden Funktionen können für ökonomische Krisen nicht verantwortlich gemacht werden, da von ihnen keine Wirkungen auf den Wirtschaftskreislauf ausgehen. Anders ist die dritte Funktion des Geldes einzustufen. Die Wertaufbewahrungsfunktion des Geldes ist nicht per-se gegeben. Sie ist nur gegeben, wenn keine Wertveränderungen stattfinden. Um Wertveränderungen zu verhindern, muss die für das Geldsystem verantwortliche Zentralbank durch eine entsprechende Geldpolitik Inflation und Deflation verhindern. Bei der dritten Funktion des Geldes gibt es also eine Wechselwirkung mit dem Wirtschaftskreislauf. Wenn im Wirtschaftskreislauf Inflation oder Deflation auftreten, werden der Wert des Geldes und damit die Wertaufbewahrungsfunktion des Geldes beeinflusst. Die Wertveränderung des Geldes beeinflusst die Wirtschaftssubjekte bei ihren Entscheidungen für die Durchführung von wirtschaftlichen Aktivitäten, so dass die vom Wirtschaftskreislauf ausgehende Wirkung eine Rückwirkung auf den Wirtschaftskreislauf hat.

Abb. 4: Die drei Funktionen des Geldes

Funktionen des Geldes

| Recheneinheitsfunktion | Zahlungsmittelfunktion | Wertaufbewahrungsfunktion |
|---|---|---|
| durch Gesetz gegeben | durch Gesetz gegeben | muss von der Zentralbank mittels Geldpolitik gesichert werden |

Quelle: eigene Darstellung

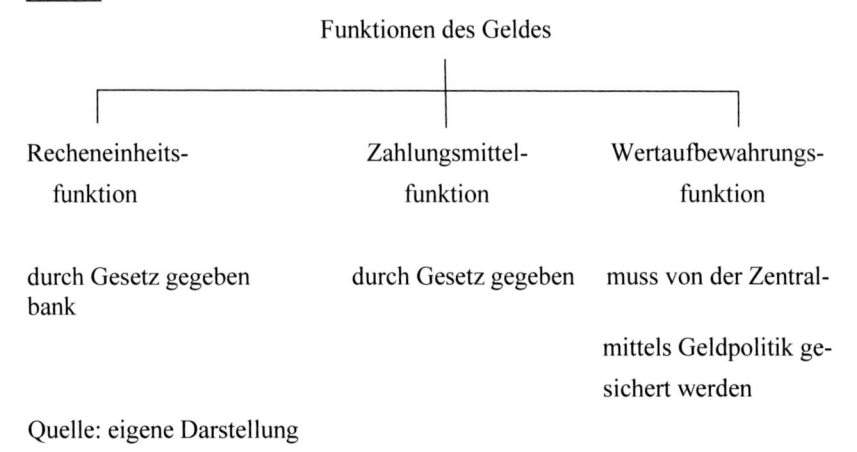

Abb. 5: Die drei Kriterien für die Sicherheit einer Währung

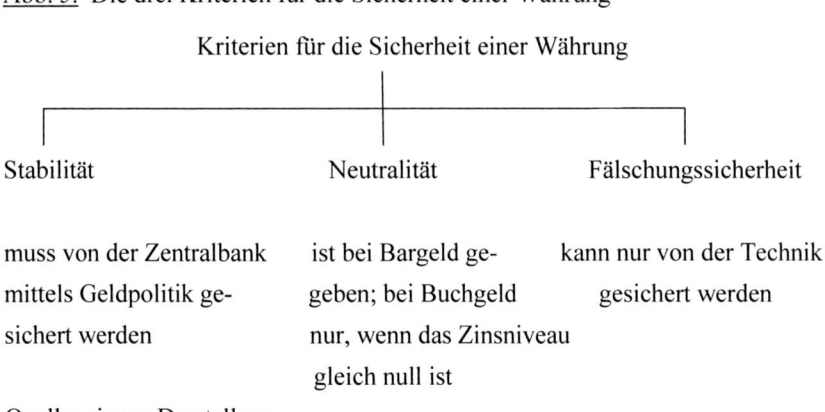

Kriterien für die Sicherheit einer Währung

| Stabilität | Neutralität | Fälschungssicherheit |
|---|---|---|
| muss von der Zentralbank mittels Geldpolitik gesichert werden | ist bei Bargeld gegeben; bei Buchgeld nur, wenn das Zinsniveau gleich null ist | kann nur von der Technik gesichert werden |

Quelle: eigene Darstellung

Die drei Kriterien für die Sicherheit einer Währung sind (1) die Stabilität einer Währung (Geldwertstabilität), (2) die Neutralität und (3) die Fälschungssicherheit (vgl. Abb. 5).

Das erste Kriterium, die Stabilität, ist identisch mit der dritten Funktion des Geldes, der Wertaufbewahrungsfunktion. Sie ist gegeben, wenn der Geldwert stabil ist. Damit ist klar, dass die für das Geldsystem zuständige Zentralbank die Stabilität mittels einer entsprechenden Geldpolitik zu sichern hat. Ist die Stabilität einer Währung durch geldpolitische Maßnahmen der Zentralbank gesichert, so ist auch gleichzeitig die Wertaufbewahrungsfunktion gewährleistet.

Das zweite Kriterium für die Sicherheit einer Währung, die Neutralität, ist in der ökonomischen Literatur ausführlich diskutiert worden. Die Skala der Einschätzungen reicht von nicht in der Praxis herstellbar bis unabdingbar.[21] Die Neutralität des Geldes ist gegeben, wenn es keinen Einfluss auf den Zins bzw. die Preise ausübt. Nach Friedman/Schwartz ist im Prinzip nur Bargeld neutral.[22] Da der Bargeldanteil an der Geldmenge nur etwa 9 Prozent[23] beträgt, ist der weitaus größere Teil des Geldes, das Buchgeld, nicht neutral. Es kann den Zinssatz bzw. die Preise beeinflussen und damit Inflation oder Deflation auslösen. Damit werden die dritte Funktion des Geldes und das erste Kriterium für die Sicherheit einer Währung negativ beeinflusst. Es gibt somit eine Abhängigkeitsbeziehung zwischen der Neutralität, der Stabilität und der Wertaufbewahrungsfunktion. Das nicht neutrale Buchgeld ist nur bei einem Zinssatz von null im Prinzip neutral, da dann kein Einfluss auf den Zinssatz bzw. die Preise besteht.

Das dritte Kriterium für die Sicherheit einer Währung ist die Fälschungssicherheit. Sie kann nicht von der Ökonomie beeinflusst werden. Die Gewährleistung der Fälschungssicherheit einer Währung ist ein rein technisches Problem. Die Fälschung einer Währung ist ein Straftatbestand, der in diesem Rahmen nicht weiter zur Diskussion steht. Allerdings hat die Fälschung einer Währung auch ökonomische Auswirkungen. Es wird die Geldmenge auf unerwünschte und unkalkulierbare Weise erhöht. Damit wird die Geldmengensteuerung der Zentralbank unterlaufen und die Aktivitäten der Zentralbank zur Sicherung der Geldwertstabilität und der Wertaufbewahrungsfunktion negativ beeinflusst. Die Geldfälschung kann somit Inflation auslösen und/oder verstärken.

Die dargestellten geldpolitischen Veränderungsvorschläge sind anhand der sechs hier erörterten Kriterien zu beurteilen. Alle Vorschläge, eine andere Form von Geld einzuführen, können anhand dieser Kriterien nicht überzeugen. Auch die vorgeschlagenen Geldformen können die sechs Kriterien nicht besser erfüllen, da Geld eben Geld bleibt. Die Vorschläge haben alle nur partielle Vorteile. Sie können keineswegs das Grundproblem von Geld lösen, das sich aus der Wertbewahrungsfunktion und der ungenauen geldpolitischen Steuerungsmöglichkeiten hinsichtlich der Vermeidung von Inflation und Deflation der Zentralbank ergibt. Nur in einem ökonomischen gesamtwirtschaftlichen Gleichgewicht kön-

---

[21] Vgl. zu einem Überblick Witte, H.: Ist der Euro sicher? S. 53 - 57
[22] Vgl. Friedman, M./Schwartz, A.: Die Definition des Geldes ..., S. 83
[23] Vgl. Witte, H.: Ist der Euro sicher? S. 157

nen Inflation und Deflation verhindert werden. Das Gleichgewicht muss zudem noch stabil sein und über unendlich viele Wirtschaftsperioden erhalten bleiben. Ein labiles Gleichgewicht, das nur für eine oder wenige Wirtschaftsperioden besteht, löst das Problem nicht.

Die Veränderungen der Eigenkapitalregelungen und Wettbewerbsbedingungen, die durch die Abkommen von Basel geschaffen wurden, können ebenfalls nicht den Anforderungen der sechs Kriterien entsprechen. Genau wie bei den alternativen Geldformen wird nur ein Teilaspekt gesehen und verbessert. Eine stabile Lösung des geldpolitischen Problems kann nicht konstatiert werden. Eine Verbesserung der Zielerreichung der Geldpolitik hinsichtlich der Wertaufbewahrungsfunktion und der Geldwertstabilität wird nicht erreicht.

Als Fazit der Diskussion ist festzuhalten, ein erfolgversprechender neuer geldpolitischer Ansatz ist noch zu formulieren. Dazu wird auch eine alternative Struktur des Geldsystems zu konstruieren sein. Das soll im folgenden Abschnitt versucht werden.

### 2.6.8 Die Struktur eines alternativen Geldsystems

Geht man von den sechs Kriterien für die Beurteilung der dargestellten geldpolitischen Verbesserungsvorschläge aus, so kommt man zu dem Schluss, dass eine bessere Geldpolitik die Wertaufbewahrungsfunktion und die Geldwertstabilität zu hundert Prozent zu sichern hat. Eine Abweichung von diesen beiden Zielwerten kann nicht akzeptiert werden, da jede auch noch so kleine Abweichung keine Wertaufbewahrung und keine Geldwertstabilität sichert. Es darf also keine Inflation und keine Deflation geben. Die aktuelle Wirtschaftssituation zeichnet sich eher durch Inflation als durch Deflation aus. Die jährliche Inflationsrate ist zwar nicht allzu hoch. Sie ist aber auch nicht gleich null. Die Wirtschafts- und die Geldpolitik akzeptieren durchaus Inflationsraten von zwei Prozent und sehen damit die Geldwertstabilität als gegeben an. Diese Vorgehensweise ist jedoch nicht akzeptabel. Eine Zielabweichung von zwei Prozent wird in anderen Wissenschaften nicht toleriert. Würde z.B. die Flugbahn für eine Rakete von der Erde zum Mond oder zu einer Raumstation mit einer Abweichung von zwei Prozent berechnet, so würde kein Astronaut mit der Rakete fliegen. Wissenschaftliche Experimente auf einer Raumstation könnten nicht durchgeführt werden. In der Wirtschafts- und Geldpolitik wird eine Toleranz von zwei Prozent aber geduldet und den Wirtschaftssubjekten die Nachteile in Form von nicht zu verhindernden Wirtschaftskrisen mit Arbeitsplatz- und Kapitalverlusten zugemutet. Es ist einleuchtend, dass Wirtschaftskrisen nur durch die Herstellung eines stabilen gesamtwirtschaftlichen Gleichgewichts vermieden werden können. Folglich ist ein solches Gleichgewicht von der Wirtschaftspolitik herzustellen. Nur eine Wirtschaftspolitik, die ein stabiles gesamtwirtschaftliches Gleichgewicht herstellt, kann als fair und sozial angesehen werden. Ein solches Gleichgewicht erfüllt auch die von den Vereinten Nationen aufgestellte Forderung hinsichtlich der Verwirklichung der ökonomischen Nachhaltigkeit.[24] Ein ökonomisches Gleichgewicht ist nicht mit von sozialistischer Seite geforderter Gleichheit zu verwechseln. Gleichheit der Menschen hinsichtlich Einkommen und Vermögen gibt es nur in einem Wirtschaftssystem, in dem ein Unternehmen nur ein Gut herstellt.[25] Diese Annahmen sind allerdings unrealistisch.

Für die Konstruktion eines alternativen Geldsystems ist von vier Erkenntnissen auszugehen: (1) wirtschaftssysteminterne Krisen können nur durch die Schaffung von stabilen ökonomischen Gleichgewichten verhindert werden, (2) geldpolitische Probleme erwachsen aus der dritten Funktion des Geldes, der Wertaufbewahrungsfunktion, (3) die Wertaufbewahrungsfunktion sowie die Stabilität einer Währung sind nur im Gleichgewicht gesichert und (4) die alte Forderung nach neutralem Geld ist im Prinzip bei einem Zinsniveau von null gegeben, da dann das nicht neutrale Buchgeld nicht den Zins beeinflusst. Inflation ist damit allerdings nicht ganz auszuschließen, da das vorhandene Geld eine rentable Anlage außerhalb des Geldmarktes sucht und dort zu steigenden Preisen führen kann. Nur in einem stabilen ökonomischen Gleichgewicht kann die Inflationswirkung ganz ausgeschlossen werden.

Ziel der ökonomischen Forschung muss es daher sein, ein einfaches, praxisrelevantes Gleichgewichtsmodell zu entwickelt, dass die Wirtschaftssubjekte verstehen, akzeptieren und umsetzen können. Aus diesem Modell ergeben sich dann auch die Strukturen für ein neues alternatives Geldsystem. Ein Spezialfall dieses Gleichgewichts ist – wie bereits Cassel[26] gezeigt hat - das Gleichgewicht bei Preisen von null. Für die Struktur eines alternativen Geldsystems ergeben sich somit zwei Ansatzpunkte: (1) das Gleichgewicht mit Preisen ungleich null und (2) das Gleichgewicht mit Preisen von null.

Eine alternative Struktur des Geldsystems bei Gleichgewichten mit Preisen von null und Geld ohne Wertaufbewahrungsfunktion ist in Abb. 6 veranschaulicht.

In dem in Abb. 6 dargestellten alternativen Geldsystem hat Geld nur noch zwei Funktion, die Recheneinheits- und die Zahlungsmittelfunktion. Der Staat bzw. die Regierung bringt in Abstimmung mit der Zentralbank das Geld auf den Markt. Wenn das System im stabilen ökonomischen Gleichgewicht ist, bedarf es keiner Kredite. Kreditinstitute sind folglich in dem alternativen Geldsystem nicht vorgesehen. Die Zentralbank muss nur über ein Instrument verfügen. Das Instrument hat zwei Aufgaben zu erfüllen: (1) es muss für die Verwirklichung von Gleichgewichtspreisen in der gesamten Wirtschaft sorgen und (2) es muss gleichzeitig verhindern, dass die Wirtschaftssubjekte das vorhandene Geld zur

---

[24] Vgl. Witte, H.: Die nachhaltige Marktwirtschaft. Wohlstand ohne *self-made* Krisen? Berlin 2013, insbes. S. 119 - 144
[25] Vgl. Witte, H.: Die nachhaltige Marktwirtschaft ..., S. 125 - 127
[26] Vgl. Cassel, G.: Theoretische Sozialökonomie, 6. Aufl., Darmstadt 1968 (Leipzig 1918[1]), S. 121 – 137, insbes. S. 136 f.

Wertaufbewahrung benutzen können, d.h. es muss ein stabiles Gleichgewicht (durch Schaffung von Gleichgewichtspreisen) erhalten.

Abb. 6: Struktur eines alternativen Geldsystems (ohne Außenwirtschaftsbeziehungen) bei Preisen ungleich null

Geld nur als Recheneinheit und Zahlungsmittel, nicht als Wertaufbewahrungsmittel

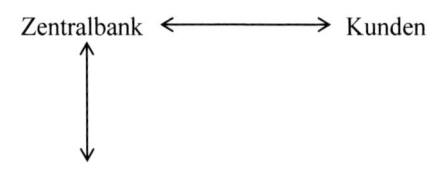

Zentralbank ⟵⟶ Kunden
↕
Staat/Regierung

Quelle: eigene Darstellung

Einen Schritt weiter geht das in Abb. 7 dargestellte alternative Geldsystem. Es wird jetzt mit Preisen von null operiert und es gibt kein Geld. Es kommt somit weder die Recheneinheitsfunktion noch die Zahlungsmittelfunktion und auch nicht die Wertaufbewahrungsfunktion zum Tragen.

Abb. 7: Struktur eines alternativen Geldsystems (ohne Außenwirtschaftsbeziehungen) bei Preisen von null

kein Geld weder als Recheneinheit noch als Zahlungsmittel oder Wertaufbewahrungsmittel

Staat/Regierung ⟵⟶ Kunden

Quelle: eigene Darstellung

In dem in Abb. 7 veranschaulichten alternativen Geldsystem, wenn man es überhaupt als solches bezeichnen kann, weil es kein Geld mehr gibt, ist auch noch die Zentralbank wegrationalisiert worden. Der Staat bzw. die Regierung muss die Bürger und Unternehmen/Kunden direkt ansprechen und zu ökonomischen Leistungen motivieren. In diesem System kann das Geld bzw. eine seiner Funktionen nicht für Krisen verantwortlich gemacht werden. Systeminterne Krisen gibt es, wenn die Kunden nicht den Erfordernissen entsprechend Leistungen erbringen bzw. die Regierung sie dazu nicht motivieren kann. Es wird ganz deutlich, dass die Menschen für interne Wirtschaftskrisen selbst verantwortlich sind und sich nicht auf Systemfehler berufen können.

### 2.6.9 Schlussbemerkungen

Der Entwurf alternativer Geldsysteme zeigt, dass die Konstruktion eines einfachen, praxisorientierten Gleichgewichtsmodells notwendig ist. Als Basis sollten die bereits für kleine Volkswirtschaften entwickelten Modelle mit ein, zwei und drei Unternehmen sowie ein, zwei und drei Güter herangezogen werden.[27] Diese Modelle sind auf große Volkswirtschaften mit sehr vielen Bürgern, Unternehmen und Gütern zu erweitern. Es sollte eine allgemeine Gleichgewichtsformel entwickelt werden, die auf eine beliebige Zahl von Bürgern, Unternehmen und Güter angewandt werden kann.

Die allgemeine Gleichgewichtsformel sollte auch eine Preisbildungsanweisung enthalten, die mengen- und wertmäßige stabile ökonomische Gleichgewichte herstellt. Basis ist eine bereits aufgestellte Lohn-Preis-Regel.[28]

Das zweite alternative „Geldsystem" hat zudem gezeigt, dass ein nicht monetäres Leistungsanreiz-Instrument benötigt wird. Das bisher praktizierte monetäre Anreizsystem versagt in dem alternativen „Geldsystem". Nicht monetäre Anreizsysteme gibt es. Ihre Funktionsfähigkeit ist in der Geschichte der Menschheit schon oft bewiesen worden.

Die alternativen Geldsysteme zeigen auch, dass im Leben immer Kompromisse gemacht werden müssen. Man kann nicht alles haben. Es gibt stets zwei Seiten einer Medaille bzw. jede Maßnahme hat erwünschte Wirkungen und unerwünschte Nebenwirkungen. Aus diesem sogenannten Teufelskreis gibt es kein Entrinnen. In den alternativen Geldsystemen werden Institutionen und damit Arbeitsplätze wegrationalisiert. Diese Tatsache geht aber nicht gegen das Recht auf Arbeit. Es müssen neue alternative Arbeitsplätze geschaffen werden. Niemand hat ein Recht auf einen immerwährenden Beruf (siehe Bergleute). Der Strukturwandel hat stets Anpassungen aller Art erfordert. Sonst wäre der Stillstand in der Entwicklung erreicht. Ein Tatbestand, den ein stabiles ökonomi-

---

[27] Vgl. Witte, H.: Die nachhaltige Marktwirtschaft ..., S. 119 - 144
[28] Vgl. Witte, H.: Die nachhaltige Marktwirtschaft ..., S. 125

sches Gleichgewicht nicht mit sich bringt. Es ist nur gleichgewichtiges Wachstum notwendig, um in Entwicklungsprozessen Gleichgewichte zu erhalten.

Die Beurteilung der alternativen Geldsysteme führt zu vier Aussagen: (1) es handelt sich um schlanke (lean) Geldsysteme, (2) es sind effektive Systeme, die interne Krisen verhindern, (3) es sind Systeme, die aufgrund der schlanken Struktur auch als effizient einzustufen sind und (4) sie verwirklichen die ökonomische Nachhaltigkeit.

Charakteristisch an den alternativen Geldsystemen ist, dass die Wirtschaft nicht mehr über die Geldpolitik der Zentralbank, sondern durch eine Lohn-Preis-Regel gesteuert wird. Dabei kann die Initiative beim Staat, aber auch bei den privaten Unternehmen liegen. Im Sinne einer Marktwirtschaft mit Privateigentum und Privatverantwortung wäre es, wenn die Unternehmen die stabilen ökonomischen Gleichgewichte selbst mit Hilfe der Lohn-Preis-Regel durchsetzen. Es käme Privataktivitäten zum Tragen. Damit unterscheiden sich die alternativen Geldsysteme deutlich von der Vollgeld-Idee, die zu einer hundertprozentigen Staatswirtschaft im Geldsektor führt.

## Literaturverzeichnis

Bank für Internationalen Zahlungsausgleich, Basler Ausschuss für Bankenaufsicht: Bericht an die Staats- und Regierungschefs der G20 über die Überwachung der Umsetzung der Basel-III-Reformen, August 2013 (www.bis.org; abgerufen am 20.10.2017)

Basel Committee on Banking Supervision: Basel capital framework national discretions, Basel 2014

Cassel, G.: Theoretische Sozialökonomie, 6. Aufl., Darmstadt 1968 (Leipzig 1918[1])

Felber, C.: Vom Vollgeld zum „Souveränen Geld". Vorteile und Optionen einer Vollgeld-Reform, www.christian-felber.at/schaetze/12_Vorteile_Vollgeld-Reform_Felber_2016.pdf (abgerufen am 19.10.2017)

Friedman, M./Schwartz, A.: Die Definition des Geldes: Nettovermögen und Neutralität als Kriterium, in: Brunner, K./Monissen, H.G./Neumann, M.J.M (hrsg. v.): Geldtheorie, Köln 1974, S. 74 – 90

Gesell, S.: Die natürliche Wirtschaftsordnung durch Freiland und Freigeld, 2. Aufl., Berlin 1916

Hettlage, M.C.: Vom Spielgeld zum Schwundgeld. Nur ein kleiner Schritt, in: Zeitschrift für das gesamte Kreditwesen, Bd. 64 (2011), S. 1062 - 1065

Huber, J.: Monetäre Modernisierung: zur Zukunft der Geldordnung: Vollgeld und Monetative, 6. Aufl., Marburg 2016

Hume, D.: Political Discourses, Edinburgh 1752 (reproduction London 2015)

Langelütke, H.: Tauschbank und Schwundgeld als Wege zur zinslosen Wirtschaft: vergleichende Darstellung und Kritik der Zirkulationsreformen P.J. Proudhons und Silvio Gesells, Jena 1925

Leinert, S.: Regionale Komplementärwährungen in Deutschland: Stand und Entwicklungsmöglichkeiten, 2. Aufl., Norderstedt 2016

Michaelis, T.: Rating und Basel III: Kreditzinsen nach dem Verursacherprinzip, Konstanz 2016

Onken, W.: Silvio Gesell und die natürliche Wirtschaftsordnung, Lütjenburg 1999

Rugina, A.: Und es kann doch „neutrales" Geld geben! In: Weltwirtschaftliches Archiv, Vol. 67 (1953), S. 57 – 68

Suhr, D.: Geld ohne Mehrwert. Entlastung der Marktwirtschaft von monetären Transaktionskosten, Frankfurt/M. 1983

Suhr, D.: The Capitalistic Cost-Benefit Structure of Money. An Analysis of Money's Structural Nonneutrality and its Effects on the Economy, Berlin, Heidelberg, New York a.o. 1989

Verein Monetäre Modernisierung (Hg).: Die Vollgeld-Reform. Wie Staatsschulden abgebaut und Finanzkrisen verhindert werden können, Solothurn 2013 ($2015^4$)

Witte, H.: Die nachhaltige Marktwirtschaft. Wohlstand ohne *self-made* Krisen? Berlin 2013

Witte, H.: Ist der Euro sicher? Ansatz einer neuen Geld- und Währungspolitik, Berlin 2015

## Lingener Studien zu Management und Technik
Prof. Dr. Hermann Witte (Hochschule Osnabrück), Prof. Dr. Reinhardt Rauscher (Hochschule Osnabrück), Prof. Dr. Michael Ryba (Hochschule Osnabrück)

Dirk Sauer (Hg.)
**Dritte Lange Nacht der Prozessverbesserung und Organisationsentwicklung**
Zum dritten Mal findet am 9.11.2017 an der Hochschule Osnabrück am Campus Lingen eine „Lange Nacht" der Prozessverbesserung und Organisationsentwicklung statt. Studierende und Absolventen veröffentlichen gemeinsam mit regionalen Unternehmen und der Hochschule ihre erzielten Ergebnisse aus Industriellen Fallstudien und Bachelor- sowie Masterarbeiten.
Zu Aufgabenstellungen aus der Praxis werden Lösungswege mit den eingesetzten Werkzeugen und Methoden aus Prozessoptimierung, dem Projekt-, Risiko-, Wissens-, Qualitäts- und Lean Management in verschiedenen Beiträgen dargestellt. Erste praktikable Ansätze auf dem Weg zur Industrie 4.0 werden aufgezeigt.
Bd. 8, 2017, 224 S., 34,90 €, br., ISBN 978-3-643-13905-4

Dirk Sauer (Hg.)
**Zweite Lange Nacht der Prozessverbesserung und Organisationsentwicklung**
Zum zweiten Mal findet am 10.11.2016 an der Hochschule Osnabrück am Campus Lingen eine „Lange Nacht" der Prozessverbesserung und Organisationsentwicklung statt. Studierende und Absolventen veröffentlichen gemeinsam mit regionalen Unternehmen und der Hochschule ihre erzielten Ergebnisse aus industriellen Fallstudien und Bachelor- sowie Masterarbeiten.
Zu Aufgabenstellungen aus der Praxis werden Lösungswege mit den eingesetzten Werkzeugen und Methoden aus Prozessoptimierung, dem Projekt-, Risiko-, Wissens-, Qualitäts- und Lean Management in verschiedenen Beiträgen dargestellt. Erste praktikable Ansätze auf dem Weg zur Industrie 4.0 werden aufgezeigt.
Bd. 7, 2016, 210 S., 34,90 €, br., ISBN 978-3-643-13600-8

**LIT** Verlag Berlin – Münster – Wien – Zürich – London
Auslieferung Deutschland / Österreich / Schweiz: siehe Impressumsseite

Hermann Witte
**Is the Euro Secure?**
Approach to a New Monetary Theory
Economic crisis in Greece led to discussions on the security of the euro. To answer this question, first the functions of money, the theoretical basis of monetary policy and the criteria for the security of a currency have to be discussed. The actual crises demonstrate that neither Keynesian interest control nor the monetarisms control of the money amount can solve the problems. Regarding the advantages of both approaches an own approach for controlling the economy is developed. The new approach of monetary theory is based on equilibriums of goods-, money and labor markets. The found equilibrium solution is no identity (approach of monetarism) and no "equilibrium with unemployment" (Keynes). But the approach leads to a secure currency.
Bd. 6, 2016, 166 S., 34,90 €, br., ISBN 978-3-643-90833-9

Hermann Witte
**Ist der Euro sicher?**
Ansatz einer neuen Geld- und Währungstheorie
Die wirtschaftlichen Schwierigkeiten Griechenlands haben zur Erörterung der Sicherheit des Euros geführt. Um die Frage nach der Sicherheit des Euros zu beantworten, werden zunächst die Funktionen des Geldes, die theoretischen Grundlagen der Geldpolitik und die Kriterien für die Sicherheit einer Währung dargestellt. Es zeigt sich, dass weder die auf Keynes zurückgehende Zinssteuerung noch die monetaristische Geldmengensteuerung überzeugen können. Aus den Vorteilen beider Ansätze wird ein eigener Ansatz zur Steuerung der Wirtschaft entwickelt. Der neue geld- und währungspolitische Ansatz basiert auf einem Gleichgewicht des Güter-, des Geld- und des Arbeitsmarktes. Die gefundene Gleichgewichtslösung ist keine Identität (monetaristischer Ansatz) und auch kein „Gleichgewicht bei Unterbeschäftigung" (Keynes). Sie führt aber zu einer sicheren Währung.
Bd. 5, 2015, 178 S., 34,90 €, br., ISBN 978-3-643-13280-2

**LIT** Verlag Berlin – Münster – Wien – Zürich – London
Auslieferung Deutschland / Österreich / Schweiz: siehe Impressumsseite

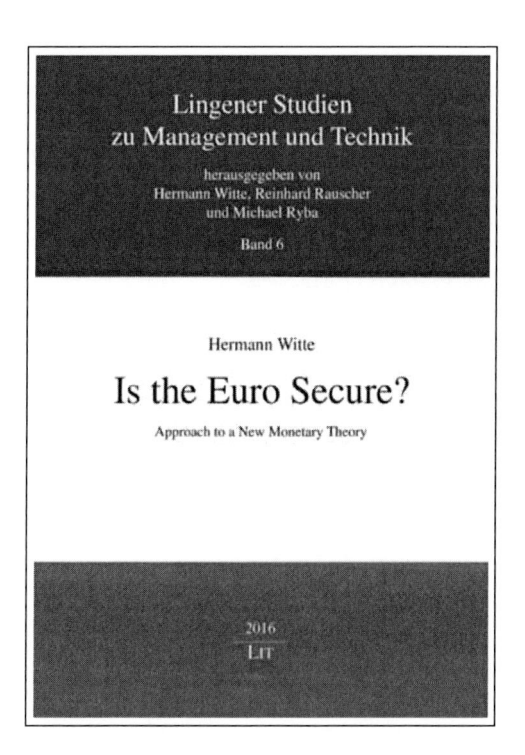

Dirk Sauer (Hg..)
**Erste Lange Nacht der Prozessverbesserung und Organisationsentwicklung**
Erstmalig findet am 05.11.2015 an der Hochschule Osnabrück (Campus Lingen) eine „Lange Nacht" der Prozessoptimierung und Organisationsentwicklung statt. Studierende und Absolventen veröffentlichen gemeinsam mit regionalen Unternehmen und der Hochschule ihre erzielten Ergebnisse aus industriellen Fallstudien und Bachelor- sowie Masterarbeiten.
Zu Aufgabenstellungen aus der Praxis werden Lösungswege mit den eingesetzten Werkzeugen und Methoden aus Prozessoptimierung, dem Projekt-, Risiko-, Wissens-, Qualitäts- und Lean Management in verschiedenen Beiträgen dargestellt. Erste praktikable Ansätze auf dem Weg zur Industrie 4.0 werden aufgezeigt.
Bd. 4, 2015, 248 S., 34,90 €, br., ISBN 978-3-643-13247-5

Hermann Witte
**Sustainable Market Economy**
Welfare without self-made crises?
The sustainable market economy is based on the idea of the United Nations to install a worldwide sustainable development process. The objective of this process is to reduce the difference between 'poor' and 'rich' countries. The concept of the sustainable market economy is founded on the basic idea of economics to realize market equilibria (Adam Smith). It is shown that economic equilibria also ensure economic sustainability. Because economic crises are present in economic disequilibria, the realization of the economic sustainability prevents systemic (self-made) economic crises and also ensures welfare. So it is logical to realize economic sustainability consequently, in spite of the dominance of political compromises in democratic societies.
Bd. 3, 2015, 178 S., 34,90 €, br., ISBN 978-3-643-90656-4

Reinhard Rauscher
**Ein neuer Ansatz zur Ermittlung von Hamiltonkreisen in verallgemeinerten Petersenschen Graphen P (n, k)**
Ein verallgemeinerter Petersengraph P(n,k) ist genau dann hamiltonsch, wenn er einen Kreis enthält, der alle Knoten des Graphen genau einmal beinhaltet. Die Anwendungen von Untersuchungen hierzu sind mannigfaltig, eine hiervon ist das altbekannte Problem des reisenden Handelsmannes. Hier wird nun für k=4 eine neue Methode entwickelt, die es gestattet, mit Hilfe relationentheoretischer, graphentheoretischer, zahlentheoretischer und kombinatorischer Hilfsmittel die Hamiltonizität von P(n,k) für jedes n größer 4 zu beweisen. Ansatzpunkt ist die Idee, dass jeder Hamiltonkreis zu einem verallgemeinerten Petersengraphen aus einem oder mehreren Strukturelementen bestehen muss. Beispielsweise könnte man sich eine Halskette vorstellen, die aus verschiedenen Fragmenten zusammengesetzt ist. Die vorgestellte Methode gestattet es, nicht nur zu einer gegebenen Durchlaufungsfolge festzustellen, ob sie einen Hamiltonkreis induziert, sondern die Menge aller verschiedenen Hamiltonkreise in P(n,k) für ein vorzugebendes n zu bestimmen.
Bd. 2, 2014, 304 S., 39,90 €, br., ISBN 978-3-643-12789-1

Hermann Witte
**Die nachhaltige Marktwirtschaft**
Wohlstand ohne „self-made" Krisen?
Die nachhaltige Marktwirtschaft basiert auf der Idee der Vereinten Nationen, weltweit einen nachhaltigen Entwicklungsprozess zu stimulieren. Das Konzept geht zudem vom Kerngedanken der Ökonomie aus, Marktgleichgewichte herzustellen (A. Smith). Bei Vorliegen von Marktgleichgewichten ist auch die ökonomische Nachhaltigkeit verwirklicht. Es gibt keine Wirtschaftskrisen. Die ökonomische Nachhaltigkeit verhindert Wirtschaftskrisen und sichert Wohlstand. Sie ist daher in demokratischen Staaten, trotz vorherrschender politischer Kompromisse, konsequent durchzusetzen.
Bd. 1, 2013, 192 S., 34,90 €, br., ISBN 978-3-643-12375-6